Azemina Klobodanović

ŽIVOT JE DAR

Izdanje 3

Azemina Klobodanović

ŽIVOT JE DAR

Izdanje 3

Autor: Azemina Klobodanović

Naziv djela: ŽIVOT JE DAR

Tiraž: Neograničen – Knjige se printaju na zahtjev kupca

Publikovano: Mart, 2024. (verzija iz 2020.)

Jezik: Bosanski

Onima koji unesoše svjetlost u moj život ...

Djeci moje djece, s neizmjernom ljubavlju!

Autor

ROĐENA U INAT SVIMA

U predgrađu jednog bosanskog grada, jedne zimske noći, začeta je ona sasvim slučajno, greškom. Nije bilo u planu da njen otac nakon tri braka i desetoro djece koje je već imao, bude otac i ovom jedanaestom djetetu po redu.

Bio je već u godinama, i baš u to vrijeme dobio i unuku od sina iz prvog braka, zbog čega uopšte nije bilo upitno da li ima smisla za dolazak na svijet i ovog djeteta. Ako bi se i rodilo bilo bi čisti višak, opterećenje i sramota za ovu porodicu, a Boga mi sramota i zbog okoline. Šta bi svijet rekao?! Zbog toga je otac tjerao svoju ženu da pije čajeve od kojekakvih trava, nosi težak teret, da radi sve ono što su u to vrijeme u ovakvim situacijama, na svoju ruku, radile neuke, neškolovane žene.

Bila je primorana da se snalazi kako zna i umije, ali da ne dozvoli da se ovo dijete rodi. Morala ga je "pobaciti" po svaku cijenu. I ona je zaista sve činila da ispoštuje muževu naredbu, naravno, ne svojom voljom, ali nije uspjela da mu udovolji. Naravno, niko je nije ni pitao što ona želi, a nije se usudila protiviti muževoj naredbi. Međutim, Bog je očito bio na majčinoj strani i na strani nerođenog djeteta. I pored kojekakvih čajeva koji su u startu trebali da ga unište, ono je nastavilo uz Božju pomoć da se razvija, jača i krči sebi put do rođenja i dalje...

I tako jednog avgustovskog dana, na Kurban Bajram, došla je na ovaj svijet djevojčica, bez suza radosnica i nekog ushićenja od strane njenog oca. Iako je njeno rođenje bilo upitno, očito je bilo predodređeno da ova djevojčica ipak dođe na ovaj svijet, da živi *u inat svima.*

Bila je najmlađa ne samo među braćom i sestrama (računajući naravno i polubraću i polusestre), već i najmlađa tetka u porodici. Bila je tetka unuci njenog oca, odnosno kćerki očevog sina iz prvog braka, a njenog polubrata. Naime, polubrat je dobio kćerku godinu dana prije rođenja ove djevojčice i tako je ona postala tetka dok je još bila u majčinom stomaku!

Njeno djetinjstvo, odnosno njena životna staza, znatno se razlikovala od života njene braće i sestara. Imala je svoje ciljeve od kojih nije odustajala, a poseban *inat*, snažna volja i upornost, pa i tvrdoglavost, pomogli su joj da ih i ostvari. Ona se nije inatila u želji da se nekom osveti, da mu naudi, već da savlada prepreke na koje je nailazila. Inat je bio "vjetar u leđa" koji joj je pomogao da prevaziđe svoje sposobnosti i pomjeri granice mogućeg. Pružio joj je potrebnu snagu kako bi ispunila vlastita očekivanja i ciljeve. Inatila se sebi i drugima i pokazala da može ostvariti svoje snove.

Priče žene rođene iz inata

KAD MAKSUM ČUVA MAKSUMA

Pričali su mi da sam bila stara samo par mjeseci kada me sestra slučajno spustila na vruć šporet dok mi je mama pripremala hapu!

Umotanu u dekicu, mama me dala sestri u naručje, a kada je dekica počela da spada, da bi je sačuvala, sestra me spustila nogicama na prvu čvrstu podlogu koja joj se našla u blizini. I bila je to jako čvrsta, ali na nesreću i vrela podloga. Bila je to vrela plata šporeta na čvrsto gorivo, kojeg je imala svaka kuća u komšiluku, a zvali ga "fijaker". U tom momentu, moja sastra nije razmišljala o posljedicama, što je i normalno. Imala je samo nešto više od pet godina!

Na moj vrisak, mama je utrčala u sobu, otela me od sestre i uzela u naručje, ali već je bilo kasno. Bio je dovoljan samo trenutak pa da se na mojim nježnim tabanima pojave plikovi.

Sva preplašena zbog toga što se desilo njenom djetetu, a još više zbog straha što će joj reći, što će joj uraditi muž, moj otac, kad se vrati s posla, majka me onako uplakanu tješila, ljubila, njihala u naručju, praveći krugove po sobi.

Sva izgubljena, ponovo me dala sestri na čuvanje dok pripremi obloge, ali ovaj put daleko od šporeta. Plakala je i sestra jedno vrijeme zajedno sa mnom, a ja sam nastavila da plačem bez prestanka, što je i razumljivo, jer su mi tabani ubrzo bili puni plikova. Majka sva u šoku, onako preplašena, ali opet dovoljno sabrana, pripremila je obloge za moje tabane i navukla mi ručno šivene gegice sa čarapicama. Tada nije bilo gegica kao što su one danas, a možda i jeste ali su bile dostupne samo imućnijim porodicama. Mi naravno nismo spadali u tu skupinu.

Morala je na svaki način sakriti ovo od muža, plašila ga se. Znala je kakvu ima narav i da ne bi tako lahko prihvatio bilo kakvo objašnjenje. Nije znala što bi se tačno desilo da sazna, ali sigurno ništa dobro. Pošto sam zbog zadobijenih opekotina stalno plakala, bez prestanka, otac je zabrinuto, ali ljutito jednog momenta upitao:

- Refija, šta je maloj?! Što plače?!

Mama je sa strahom, odgovorila:

- Ma Smaile, valjda je boli stomak! Evo stalno joj stavljam obloge.

Sva sreća pa on nije gledao kako i gdje majka stavlja obloge.

I tako je ona danima kriomice, da otac ne vidi, stavljala meni obloge na tabane i oblačila mi ove nazovigegice, kako otac ne bi vidio što se zaista dogodilo.

Godinama kasnije, kada su mi pričali o ovom događaju, bila sam šokirana pri pomisli kako je majka imala hrabrosti da bebu od par mjeseci daje u ruke djetetu od samo pet i nešto godina. Ja svoju djecu dok su bile bebe nisam imala hrabrosti, nisam smjela da dajem u ruke ni svakoj odrasloj osobi! Dok su mi ovo pričali pokušavala sam sa suzama u očima da zamislim sve to. Bila sam tako tužna što zbog sestre kojoj je to moralo izazvati veliki strah i traumu, što zbog majke, a pomalo i zbog sebe što mi se ovo desilo a bila stara samo par mjeseci.

Mada je majka bila odgovorna za ovo, nje mi je bilo posebno žao, jer joj sigurno nije bilo nimalo lahko i jednostavno. Vruće plate od šporeta itekako su i nju opekle iako ih ona nije ni dotakla. Znala je njena duša što preživljava u tim momentima, koliku bol osjeća kao majka prema svojoj bebi, uz onaj silni strah kako se opravdati pred mužem, a opravdanja nema.

Ipak, ona je maksumu dala u ruke gotovo tek rođenog maksuma, ne razmišljajući o posljedicama.

ONO KAD SI VIŠAK

U vrijeme renoviranja naše kuće, one porodične, koja je još uvijek na istom mjestu, već preko šezdeset godina, zbog zauzetosti ostalih ukućana, ja sam sate i sate provodila u stalku s koricom kruha u ručicama. I tako mala, kao da sam znala da sam greškom, na silu, ušla u ovu porodicu, bila sam poslušna beba, nisam plakala, nisam bila zahtijevna. Tako sam možda pokazivala zahvalnost što su me prihvatili, jer sam im očito bila od viška.

Pričali su mi da je komšinica teta Danica znala dozivati moju mamu:

- Smajinice, Smajinice, ogriješit ćete se boni o ovu malu! Stalno vam je u stalku!

Nakon ovih upozorenja, zauzeta od obaveza koje joj je nametao moj otac, ali i ona sama, mama bi me nakratko uzela, tek toliko da me opere, nahrani i stavi na spavanje, do sljedeće ture u stalku. Trebala je brinuti i o ostaloj djeci, ručak napraviti za čitavu porodicu, ali i za radnike koji su radili na renoviranju kuće...

Kad sam porasla, što znači da sam mogla hodati i trčati svojim nogama, a ne samo stajati u stalku, bila sam prava smetnja bratu i sestri. Oni su imali svoje društvo, a ja im nikako nisam odgovarala. Izbjegavali su me kad god su mogli.

Čini mi se da sam im smetala na svakom koraku, a ja to ignorisala i u inat njima i dalje radila po svom. Na moju žalost u najbližem okruženju, u komšiluku, nije bilo djece mog uzrasta tako da sam bila "zakinuta" i s te strane. Često sam znala uskočiti u društvo mog tri godine starijeg brata i zajedno s njima provoditi vrijeme. Sestra je bila pet godina starija, pa me na svaki način izbjegavala.

Jedna od posebno zanimljivih zanimacija je bio odlazak na Haldu po ćumur.

Uzimati kradom ćumur iz "huntića" (malih vagona) u blizini Halde gdje se istovarao otpad iz Željezare, za mene je bila prava avantura, doživljaj za pamćenje. Halda se nalazila na kraju našeg naselja, desetak kuća dalje od naše, s desne strane ulice.

Naravno, brat bi me svaki put tjerao, ali redovno bi pobijedila moja upornost, a možda i to što sam mu tada bila od neke koristi. Pratili bi iza žbuna kada će se pojaviti huntići koji su se kretali uskom prugom od Rudnika prema Željezari, napunjeni ćumurom do vrha, čak i više od toga. Dobro se sjećam, ćumur je bio onaj pravi, kvalitetni, u većim komadima, tzv. štukama. Tako su govorili oni stariji. Dodatno je trebalo pratiti i čuvara kako bi sa huntića mogli izbaciti što više ćumura, a da on to ne primjeti. Znalo se tačno kada će se oni stariji popeti na rub huntića – kada se huntići nađu na krivini, pa uspore. Mlađi su bili zaduženi da skupljaju na kamare izbačeni ćumur u čućećem položaju kako ne bi bili primjećeni od čuvara. Nije bilo zabune. Tačno se znalo čija je koja kamara ćumura koji se nakon što prođu svi huntići i čuvar povuće, pokupi u vreće i ponese kući.

Ovo smo najčešće radili pred zimu kako bi bar malo pomogli roditeljima u nabavci ogreva. Nama, djeci, to je bila prava igra, a sirošanijim porodicama itekakva pomoć. Bila su to druga vremena. Nije bilo straha od strane roditelja što se djeci može desiti u takvoj "igri". Sve se činilo sasvim normalnim i prihvatljivim.

KAD TI UMJESTO POKLONA DARUJU SUZE

Rođena sam u siromašnoj radničkoj, a uz to i patrijarhalnoj porodici u kojoj se praznicima nije pridavala neka važnost. Nisu se slavili rođendani, Nove godine,... jedino Bajrami. Jedan događaj posebno pamtim.

Za djecu je Nova godina oduvijek predstavljala važan praznik koji se pamti po Djeda Mrazu. Ja sam tek sa sedam godina, kada sam pohađala prvi razred osnovne škole prvi put vidjela Djeda Mraza o kojem se u našoj kući nije nikada pričalo. Čula sam od druge djece da je to stari čovjek, s bijelom bradom, u crvenim čizmama i crvenom kapom na glavi, obučen u crveno odijelo, a dolazi iz neke daleke zemlje, sa Sjevera. On na kraju Stare godine djeci koja su slušala svoje roditelje i bili dobri učenici, donosi poklone. Naravno, ne bilo što, već baš ono što je svako takvo dijete poželjelo. Nikako mi nije bilo jasno kako Djeda Mraz zna što su to djeca poželjela i kako on zna koji će poklon donijeti kojem djetetu.

Noću bih, prije nego što utonem u san, potajno maštala da i meni Djeda Mraz donese poklon...

Sjećam se da je desetak dana pred kraj kalendarske godine, učiteljica zakazala roditeljski sastanak kojem je kao i obično prisustvovao i moj otac. O tome što je bilo na tom roditeljskom sastanku, o čemu je bilo riječi, otac nije govorio. Međutim, i ovaj put se vratio s osmijehom na licu, očito zadovoljan jer je ponovo imao priliku da se pred ostalim roditeljima ponosi svojom najmlađom kćerkom zbog njenih ocjena.

Jednog dana, pri kraju mjeseca decembra, učiteljica nam je saopštila da naredni dan neće biti nastave, ali je dolazak u školu obavezan u naznačeno vrijeme jer će biti održana priredba.

Tu noć dugo nisam mogla zaspati. Pokušavala sam, ali zbog silnog razmišljanja o onome što će se desiti narednog dana, san me uporno zaobilazio. Zatvorim oči misleći da ću tako lakše zaspati, pa brojim, jednostavno brojim do ne znam kojeg broja, ali ništa. Činilo mi se da će ova noć vječno trajati.

Prošlo je dosta vremena dok konačno nisam zaspala.

I najzad je svanulo. Umila sam se, nisam baš sigurna da sam mogla doručkovati, obukla sam se i opet ... čekala. Da sam ikako mogla da ubrzam vrijeme, da minute brže idu, ali ne, to nije bilo u mojoj moći.

Dok su ostali ukućani bili zaokupljeni uobičajenim poslovima, jedino sam ja to jutro nekako posebno doživljavala. Pitala sam se kako to da se i oni ne raduju zajedno sa mnom?! Kad je konačno došlo vrijeme za polazak, gotovo trčeći, po snijegu koji je škripao pod mojim nogama u naslijeđenim čizmama, otišla sam u školu i ne sluteći koliko razočarenje me tamo čeka.

Priredba je organizovana u saradnji s Narodnim pozorištem iz našeg grada. Kako je bilo lijepo i svečano, za nas djecu neopisivo lijepo, fantastično, kao u pravoj bajci! Možete zamisliti - pred našu školu stiže prava pravcata, otvorena kočija, posebno ukrašena za ovu priliku, s upregnutim konjima. U kočiji je Djeda Mraz s punom vrećom poklona za djecu, a s njim dvije ženske osobe - jedna stara, u otrcanoj, ružnoj haljini, a druga mlada i prelijepa, kao vila, u novoj, lijepoj haljini ukrašenoj čipkom. Ovo smo do tada mogli vidjeti samo u slikovnicama. Objasnili su nam da one predstavljaju Staru i Novu godinu.

Priredba je započela s nekom predstavom, pa su onda neki učenici recitovali pjesmice vezano za zimu, Novu godinu i Djeda Mraza, ali ja uopšte nisam slušala tekst, riječi,... Pred mojim očima smjenjivale su se slike, prizori, silno šarenilo, a ja sam jednostavno zanijemila. Činilo mi se da sanjam. Da mi se neko slučajno obratio sigurna sam da ga ne bih ni primjetila. Upijala sam slike i jednostavno samo gledala i gledala, pustila da moje oči upiju svu ovu ljepotu. Nije mi uopšte bilo važno što oni pričaju, koje riječi izlaze iz njihovih usta.

Dugo vremena sam pamtila ovaj događaj, bolje reći nikada ga nisam ni potisnula iz sjećanja, i svaka, baš svaka proslava Nove godine me podsjećala na njega. Bilo je tako lijepo, gotovo nestvarno za nas prvačiće, čini mi se meni posebno. Na trenutak sam pomislila da sam zalutala u neku bajku. Smjenjivali su se učesnici u ovoj priredbi, uglavnom iz starijih razreda, najavljivali novi, puštala muzika, ali sigurno neću pogriješiti ako kažem da su svi učenici, ne samo ja, jedva čekali ono glavno – podjelu poklona i slikanje s Djeda Mrazom.

I najzad je došao i taj trenutak! Djeda Mraz vadi poklon-paketiće i prozivaju se pojedinačno svi prvačići naše škole. Mnogo je djece, a ja samo razmišljam kada ću ja biti prozvana. Opet prizori koji se ponavljaju. Putem mikrofona prozivaju se djeca redom iz pojedinih razreda. Željno očekujem da krenu prozivati učenike iz mog razreda računajući da ću tako konačno i ja doći na red. I opet čekam... Konačno dočekah da i učenici mog razreda budu prozivani!

I gle čuda - dešava se ono u šta su djeca i vjerovala: svako dijete dobija od Djeda Mraza paket s poklonom koje je ono i poželjelo, bar tako su govorili prozvani drugovi i drugarice iz mog razreda, vrišteći od radosti i zadovoljstva. Ja sam se radovala zajedno s njima željno očekujući da Djeda Mraz prozove i mene. Kako sam bila nestrpljiva da vidim što je to Djeda Mraz meni donio! Ne samo da su dobili paket sa željenim poklonom već su se i slikali s Djeda Mrazom i na taj način obezbijedili sebi uspomenu sa ovog događaja.

Čekala sam dugo, dugo dok nije i posljednji paketić izvađen iz velike torbe, ali moje ime nije bilo prozvano... Stajala sam nijemo, baš kao što sam par sati prije toga nijemo posmatrala divnu predstavu kao iz bajke, ali ovaj put ipak nešto drugačije nijemo. Čula sam samo svoje srce kako ubrzano kuca, i tišinu, mrtvi muk oko sebe. Ko kaže da se tišina ne može čuti?! Može, itekako može!

Nisam mogla da vjerujem da u toj velikoj, ogromnoj torbi nije bilo paketića s mojim imenom. Onako mala, nedovoljno odrasla i nesigurna, nisam znala kome da se obratim. Mislila sam, možda je to neka greška. U onoj silnoj gužvi ni moja učiteljica nije primjetila da jedna njena učenica, odlična učenica, nije dobila poklon, a bila je tu prisutna s ostalim učenicima čitavo vrijeme. Da bila je, sa osmjehom na licu, skakutala sa ostalim drugarima, srce joj lupalo ko' ludo od silne radosti što prisustvuje ovakvom događaju, a još više od iščekivanja da dobije poklon, al' ga ona ne dobi! Opet je srce lupalo ko' ludo, ali sada nekako drugačije. Nije se čak ni slikala s Djeda Mrazom. Sva djeca će kroz nekoliko dana dok se izrade slike dobiti i jednu fotografiju za uspomenu, a ona neće ni to.

Kako sam bila tužna, razočarana! Dugo sam stajala uza zid sale gdje se odvijala priredba, kao da sam nešto čekala, a ni sama nisam znala što. Svi moji drugovi i drugarice su već odavno otišli kućama s poklonom u rukama, a ja sam ostala posljednja i ne znam da li me više zaboljelo to što nisam dobila poklon, ili što to niko nije ni primjetio. Pored boli bio je prisutan i stid. Vraćala sam se kući sama, a suze su se slijevale niz moje lice. Nisam ih ni brisala, pustila sam da sva ona ljepota koju su moje oči tokom priredbe upijale, jednostavno sklizne u suzama niz moje lice. Neka nemam ni to što su moje oči "uhvatile" kad već nisam dobila poklon. Eto, svi su dobili poklon a ja suze!

Čitavo vrijeme sam se pitala zašto se to baš meni dogodilo, a slušala sam roditelje, bila odlična učenica... Ispunjavala sam sve ono što je trebalo kako bi i meni Djeda Mraz donio paket, a eto nije!

Tek nakon nekoliko godina saznala sam istinu. Na roditeljskom sastanku, održanom desetak dana pred kraj Stare godine, učiteljica je roditeljima između ostalog govorila i o predstojećoj proslavi koja će biti upriličena za sve prvačiće naše škole. Dogovoreno je da svaki roditelj sazna što njegovo dijete želi da mu donese Djeda Mraz, te da mu to roditelji i kupe. Kasnije bi se u školi formirali paketići (naravno i za ovo je trebalo dati određeni iznos novca odmah na ovom roditeljskom sastanku) u kojima će se naći i odgovarajući poklon s imenom i prezimenom, svakog učenika pojedinačno. Divno zamišljeno, ali za mene, iz siromašne, patrijarhalne porodice očito nedostižno.

Često sam razmišljala o ovome, naravno kasnije, kada sam bila starija. Pitala sam se zašto moj otac nije dao novac kao ostali roditelji. Možda ga nije imao ili je razlog bilo sasvim nešto drugo – možda vjera.

Pa ipak, bez obzira što je bio razlog, nisam mogla da shvatim zašto me nije spriječio da taj dan idem u školu. Za to mu nije bio potreban novac, a niti propisi koje nalaže vjera. Bar bi me poštedio razočarenja, tuge, stida...

BAR DA SAM BILA DESETA PO REDU

Rođena kao jedanaesto dijete, najmlađa u porodici, imala sam neke privilegije ali ne i onu posebno važnu. Da sam bila deseto dijete po redu – bila bih Titovo kumče i dobijala paket 29. Novembra svake godine.

Naime, bilo je pravilo da u svakoj porodici na području bivše Jugoslavije, desetom djetetu po redu, kod rođenja, Predsjednik Tito bude kum. Iz njegovog kabineta povodom 29. Novembra, Dana Republike, toj porodici, odnosno tačnije, tom djetetu se pošalje paket uz čestitku potpisanu lično od Predsjednika Tita. Ova čast je pripala mom tri godine starijem bratu. Pa ipak, iako njemu namijenjen, svaki taj paket dijelio se na svu djecu – moju sestru, brata i mene, te na djecu moje polubraće i polusestara, t.j. na unučad mog oca. To je bilo nepisano pravilo koje je uveo naš otac i moralo se poštovati.

Dobro sam zapamtila sadržaja tih paketa. U to

vrijeme, za ovu djecu iz siromašne, radničke porodice,bilo je to pravo bogatstvo. U svakom ovom paketu bile su velike "Kraš" mliječne čokolade, razne bombone, a u posebnoj, velikoj metalnoj kutiji, one "505 sa crtom". Nismo znali zašto su se baš tako zvale...možda zbog crte preko svake od njih, ali to i nije bilo važno. Mi smo najviše voljeli baš njih, jer su bile tvrde pa su nam mogle duže trajati.

Bez obzira što bi i u slučaju da sam ja bila Titovo kumče, meni namijenjen paket bio svačiji, a najmanje moj, silno sam željela da sam ja imala tu čast. Naravno, ovako sam razmišljala tek poslije, kada sam bila starija.

Međutim, još dok sam išla u niže razrede osnovne škole, bilo mi je važno da dobije slatkiše iz paketa, nema veze kome je paket bio namijenjen.

Izuzetak je bio paket kojeg je moj brat dobio kada je već krenuo u prvi razred osnovne škole. U tom paketu, za razliku od dotadašnjih, bile su stvari baš samo za njega – školski pribor i mornarsko odijelo! Nije više bilo čokolada, nije bilo bombona, ... Nas troje i očeva unučad bili smo zakinuti za slatkiše. I brat je više volio da je sadržaj paketa ostao isti kao što su bili oni raniji, ali šta je tu je!

On se slikao u "svom poklonu", u mornarskom odijelu – vidjela sam to mnogo godina kasnije, na slikama iz njegovih školskih dana.

Jedne godine je dobio i komplet knjiga "Lastavica" koje su bile u to vrijeme na listi knjiga za školsku lektiru.

E ovom paketu sam se najviše obradovala ja! Mogla sam da čitam danima...

STRAH OD BATINA

Bilo je ljeto. Mogla sam imati oko osam godina kada sam s bratom i sa još nekoliko njegovih drugova, kradom brala kruške komšije Đorđa preko puta naše kuće. Jedan od dječaka pratio je da se ne pojavi neko od odraslih, a posebno ne komšija Đorđo, čija je kruška bila predmet naše zanimacije tog dana.

Krošnja stabla je bila niska tako da su se kruške mogle brati sa zemlje, što je svima nama odgovaralo, a posebno meni, najmanjoj među njima. Plodovi su bili veliki, i mada još zeleni, prošarani smeđom bojom, ipak za nas djecu dovoljno zreli da se mogu jesti.

Nikada neću zaboraviti taj dan. Prvi put u životu osjetila sam strah od batina, koje nikada nisam dobila, posebno ne od oca, koji ih je tako lako dijelio, ali ruku na srce, samo kada se zasluže. Bila sam njegova ljubimica iz više razloga. Jedan od njih je bio što sam bila najmlađa i što sam došla na ovaj svijet kada je moj otac već bio u godinama.

Moj otac je važio za strogog, ali veoma poštenog čovjeka. Da li je za to odgovorna vjera ili je jednostavno
bio takva osoba po rođenju, to nikada nisam mogla saznati. Za njega je važilo pravilo: "Čuvaj svoje, a tuđe ne diraj bez dopuštenja!" Ovog pravila su se morali pridržavati svi u njegovoj porodici.

E pa tog dana dvoje njegove djece, od kojih je jedno važilo za nepogrešivo, jednostavno "zlatno", poslušno, pametno, ..., prekršili su pomenuto pravilo i desilo se što se desilo!

Komšija Đorđo se iznenada pojavio! Dok smo mi bježali i pokušali da se sakrijemo kako nas ne bi otkrio, uspio je ipak identifikovati nas dvoje – mene i mog brata. Jasno, nismo smjeli ići s ukradenim kruškama kući, čak ni u našu avliju. Bacili smo ih odmah. Vjerovatno su završile u komšijinoj bašti nedaleko od stabla kruške, a mi smo se uspjeli sakriti iza naše kuće.

I upravo kada smo mislili da smo izbjegli najgore, komšija se pojavio u našoj avliji vičući:

- Komšija, komšija!

Gotovo sam umrla od straha kada se na vratima naše kuće pojavio otac. Pitao je komšiju Đorđa zašto tako viče, a ovaj mu je rekao da su njegova djeca: sin i "mala" (tako su me zvali ne samo zato što sam bila mala, već što sam bila i najmlađa) krali njegove kruške!

Dobro smo to čuli, a kako i ne bi kada smo bili udaljeni samo par metara iza kuće. Ne znam kakav je izraz lica imao naš otac u tom momentu, ali poznavajući njega, njegov karakter i ono pravilo za tuđe stvari, znala sam što nas čeka. Nije mi bilo lakše ni onda kada je otac nekoliko puta ubjeđivao komšiju Đorđa da ja, njegova "mala" sigurno nisam mogla učestvovati u takvom "poslu". Međutim, nakon što je otac zvao brata da se pojavi, da se ne krije jer je sve već otkriveno, zajedno s njim izašla sam i ja iza kuće i spuštene glave stala ispred oca.

I onda se otac iznenađen ovim, obratio meni:

- Zar i ti 'ćeri?!

Dobro se sjećam, tog časa – niz noge sam osjetila

neku toplinu, a u licu vrućinu, vjerovatno više od straha nego od srama. Da, upiškila sam se. Sva zbunjena, ne mogavši ni riječi prozboriti, čula sam oca kako je rekao komšiji da bude siguran da se ovako nešto nikada više neće desiti.

Otac me prigrlio, ali ja ipak nisam osjetila nikakvo olakšanje. Znam samo da sam bila sretna što je bar ovaj put moj dragi brat Hajro izbjegao batine.

Poslije ovoga, nikada nam više nije palo na pamet da idemo ne samo u krađu komšijinih krušaka, već bilo što slično da uradimo.

SUNET

Moje česte glavobolje u pubertetu i kasnije, možda su bile posljedica i silnih udaraca u glavu koje sam u djetinjstvu dobijala od sestre i brata kad ih naljutim (dobijem ćušku u glavu), ali i onda kada se moja glava slučajno zatekne na putu kamenja kojim su dječaci iz našeg komšiluka gađali jedni druge iz kojekakvih razloga.

Jedan udarac u glavu posebno pamtim. Bracana, sina moje starije polusestre Arzije, baš tog dana su sunetili (obrezivali). U porodičnoj kući, kod nas, sastala se cijela familija - polubraća i polusestre sa svojim porodicama. Mi, djeca, poredali smo se po stepenicama, a svako od nas je htio da zauzme položaj na vrhu stepenica, što bliže ulaznim vratima, da bi bolje mogao čuti Bracanov plač jer bi to značilo da je Berbo započeo svoj posao. Za nas, djecu, to je bio poseban događaj. Vidjeti nismo mogli ništa jer su vrata bila zatvorena. Na toj prvoj stepenici do vrata bilo nas je previše. Kada se još jedno pokušalo tu ubaciti, pala sam s vrha stepenica, jer sam baš ja bila na samom rubu.

Dobro se sjećam te scene. Prije nego što ću završiti na zemlji, u letu sam uspjela vidjeti na avlijskoj kapiji moju polusestru Zilhu sa njenom porodicom. A onda su slijedila dva vriska spojena u jedan – Bracanov i moj. Kakva koincidencija, živa istina. Baš kad je Berbo zarezao Bracanovu čunu, ja sam vrisnula jer sam pri padu glavom udarila u kamen i raskrvarila je. Uveli su me u kuću i Berbo je onda morao da obavi dodatno još jedan zahvat – očistio je ranu na mojoj glavi, posuo nekim praškom, a onda je istu previo.

Tako smo tog dana Bracan i ja zajedno završili kod Berbe sa zavojem – kod mene gore, a kod njega dole. Eto tako sam i ja na taj dan iskrvarila, ali je Bracan bolje prošao. Njemu su, kako to običaji nalažu, odrasli davali novac za utjehu što se sunetio, što je bio hrabar, a meni jok. Ja sam jedino dobila zavoj na glavi, a malo je falilo i batine!

TO JE BIO NAŠ DOM

Dok sam bila još dijete mislila sam da su sve ili gotovo sve porodice u našem komšiluku, pa i u našem gradu, slične. Nisam osjećala neki stid to što smo mi siromašni, što nemamo namještaj kao drugi, igračke i ostalo, što ne idemo na ljetovanje ... Bolje reći, nisam ni znala da smo siromašni.

Zaista nisam, valjda zato što nisam ni znala za bolje, ali mislim više zbog toga što o tome nisam tada ni razmišljala, jer sam bila baš dijete u pravom smislu riječi. Bitno mi je bilo da nisam gladna, da se igram, družim s vršnjacima, da se radujem Bajramu i gostima, pogotovo onima sa djecom mog uzrasta.

E, kada sam krenula u školu, a posebno u višim razredima, ništa više nije bilo isto. Bila sam zaokupljena i drugim stvarima, ne samo igrom. Povremeno sam se družila i sa vršnjacima izvan mog komšiluka.

Neke moje školske drugarice stanovale su u blizini škole, pa su mene i još nekoliko drugih, znale pozvati kod njih, u njihove domove da se igramo nakon nastave. Našla sam se u sasvim drugoj sredini u odnosu na onu u kojoj sam ja živjela sa svojom porodicom. Tek tada sam shvatila gdje ja živim. Naš dom, iako izuzetno uredan i čist, bio je jako skromno namješten. Mi nismo imali kauče, fotelje, niti vitrinu, radio i TV aparat, pogotovo. Nisam imala svoj radni sto, a naravno ni svoju sobu.

Sjećam se da je trpezarijski sto dugo vremena imao višestruku namjenu. Prvenstveno je služio majci da na njemu razvija pite, da pravi ručak, pa za posluživanje jela kada dođu gosti... Dok smo bili djeca mi nismo jeli za ovim stolom, samo odrasli. Djeca su jela na podu. Umjesto stola bila je bošća ili sofra i to je to.

Pisali smo zadaće i učili za trpezarijskim stolom. Kada sam pohađala srednju školu, a kasnije i fakultet, na ovom istom stolu sam crtala i tuširala crteže iz mašinstva i tehničkog crtanja. Pošto one crteže na A1 formatu nikada nisam mogla završiti u jednom danu jer su bili veliki, a uz to i komplikovani, prekrivala sam ih najlonom kako se ne bi uprljali, a ja bih kasnije nastavila sa radom dok ih ne završim. Znalo se desiti samo što prekrijem crtež, a mami treba sto da razvija pitu. Mrzila sam ovo, ali nije bilo drugog rješenja. Skinem pažljivo crtež, a onda tek kada mama završi svoj posao, ja sve ispočetka...

Umjesto kauča imali smo drvenu sećiju "krojenu po mjeri". Bila je lijepo dekorisana, sa prekrivačem na volane i jastucima "na kalup", a preko njih bijeli tzv. "peškir", dugačak komad pamučnog platna oivičen lijepom čipkom i uštirkan. U kuhinji koja je istovremeno bila i dnevni boravak, nalazio se trpezarijski sto sa četiri stolice, šporet na čvrsto gorivo "Smederevac" i bosanski ćilim. To je sve.

Mi, djeca, spavali smo na vunenim dušecima koji se prostru na pod spavaće sobe. S ove tačke gledišta, zdrav način spavanja, ali tada sam više voljela da sam spavala na "nezdravom" madracu, ali na krevetu.

Imao je naš dom svoju toplinu, dušu, ali to nije bilo dovoljno da rado pozovem školske drugarice da mi dođu u posjetu. Tada sam se stidjela našeg "toplog" doma, a sada ga se toliko puta sjetim sa nekom posebnom sjetom.

Tako bih rado da se vratim u te dane i znam, sigurna sam da bih sada drugačije postupila.

BAJRAMSKA HALJINA

Bio je Bajram, a ja sam pohađala drugi razred osnovne škole. Voljela sam vrijeme Bajrama, jer je tada u kući sve drugačije. Ne samo što se mama pobrine da kuća bude posebno čista, već i miriše po raznovrsnim jelima, slanim i slatkim, a uz to svi u kući dobijemo nešto novo i lijepo od odjeće ili obuće.

Tako je bilo i tog Bajrama. Mama se pobrinula da mi naša šnajderica sašije haljinu na kopčanje koju sam obukla tog dana u školu. Dobro se sjećam te haljine: crna podloga sa sitnim bijelim cvjetićima i džepovima sa strane. Sva sretna sa osmijehom na licu i novom haljinom na sebi otišla sam u školu. Po mom mišljenju, haljina je bila prelijepa. Moja radost je trajala sve dok meni bliska drugarica Nera koja se bolje od mene razumjela u vrstu platna od kojeg se šiju haljine (a kako i ne bi kad nije bila iz siromašne porodice kao ja), pred svima na hodniku, za vrijeme odmora nije uzviknula:

- Gle, Azemina došla u školu u kućnoj haljini!

Nije mi baš bilo jasno zašto je to rekla, ali zbog

smijeha nekih učenika shvatila sam da nešto nije u redu, a vjerovala sam da je u pravu. Vratila sam se u učionicu, sjela u klupu i zaplakala...

Nisam sigurna da je moje suze iko od učenika primjetio, ali me zaboljelo to što me je povrijedila moja najbolja drugarica, a vjerujem da joj to nije bila namjera. Možda nije mislila ništa loše, ipak je i ona bila samo dijete.

Poslije ovog nemilog događaja, ovu haljinu nikada više nisam htjela obući, čak ni u kući. Mami sam ovo prešutjela, a na njeno pitanje zašto je više ne nosim, odgovorila sam da mi se ne sviđa.

KAŽNJENA ZA DOBRO ČITANJE

Rano sam naučila čitati i pisati. Mislim da sam imala samo pet godina kada sam znala sva slova i čitala kao da sam već završila prvi razred. Ne znam ni sama kako, valjda uz stariju sestru i brata. Iz čiste dosade, sama, baš sama, učila sam i na kraju naučila. Pratila sam ih kada pišu zadaću ili uče, i nije mi ni bilo baš teško. Njima je to smetalo, pa sam koristila priliku kada oni odu u školu - uzmem njihove knjige i čitam, a njihove stare sveske koristim za pisanje i crtanje.

To je imalo dobrih i loših strana. Kada sam krenula u školu, pošto sam znala pisati, bilo mi je znatno lakše nego drugim učenicima koji su to tek učili.

Međutim, kada smo savladali sva slova i krenuli sa čitanjem, naravno prvo "na slogove", meni je to bilo mrsko, jer sam ja kao od šale čitala čitave riječi. Učiteljica Kačunko Marija me u početku opominjala da moram čitati kao drugi učenici, a kasnije je odustala i samo me povremeno puštala da čitam tekst, tek kada ga svi drugi učenici savladaju. A tako sam voljela čitati!

Meni je bilo krivo, tako sam bila tužna, razočarana, jer sam na neki način bila kažnjena i to samo zato što znam dobro čitati!

ŠKOLSKE RIVALKE

Dok su se sva djeca radovala školskom raspustu, ja sam ga više mrzila.

Za vrijeme raspusta nema nastave, ne ide se u školu, nema druženja sa školskim drugarima, nema kontrolnih radova i pismenih vježbi?! Možda izgleda čudno, ali zaista je tako bilo. Koliko god sam zbog kontrolnih radova imala tremu plašeći se da neću sve uraditi dobro, najbolje, toliko su za mene bili izazov da dobijem najbolju ocjenu. U meni je oduvijek bio prisutan takmičarski duh i nastojala sam da budem među najboljima.

U našem razredu bilo je dosta odličnih učenika, izuzetna generacija, a među njima nas tri drugarice Sena, Nera i ja. Mi smo tokom osmogodišnjeg školovanja bile konstantno rivalke i takmičile se koja će dobiti više petica, koja će bolje uraditi kontrolni, koja će nacrtati bolji crtež...

Trebale smo nastaviti zajedno i u srednjoj školi, ali s obzirom na moje materijalno stanje, po nagovoru moje mame od strane pojedinaca koji su mi željeli "dobro", putevi su nam se razišli. Njih dvije su nastavile školovanje u Gimnaziji, a ja u Tehničkoj školi, elektro odsjek...

I na kraju, svetri smo završile fakultete, doduše različite, i nastavile da koračamo različitim životnim stazama...

Sena je završila **M**edicinski, Nera **M**ašinski, a ja **M**etalurški fakultet. Kakva slučajnost! Bar je početno slovo naziva fakulteta kod svetri bilo isto!

Sudbina je bila da se ja zaposlim na Institutu, a da se moja drugarica Nera, nakon što je završila Mašinski fakultet u Sarajevu (u to vrijeme ovog fakulteta nije bilo u Zenici) zaposli na Mašinskom fakultetu u Zenici. Ovaj fakultet je u međuvremenu otvoren i u našem gradu. Osnivanjem Univerziteta u Zenici unutar kojeg je bio i Mašinski fakultet, nešto kasnije i Institut je postao njegova članica. Na taj način smo nas dvije, Nera i ja, završile kod istog poslodavca.

Eto, *sudbina* je bila da opet, barem nas dvije, nastavimo zajedno. I još nešto – zajedno smo napisale i jednu stručnu knjigu, te učestvovale na nekim međunarodnim konferencijama.

PRVA I POSLJEDNJA KNJIGA ZA ODLIČAN USPJEH

Radovala sam se raspustu, onom ljetnom, samo iz jednog razloga. Odličnim učenicima, među kojima sam bila i ja, na kraju školske godine poklanjali su knjige, a u nižim razredima slikovnice. Jedva sam čekala podjelu knjižica, a uz odlične ocjene slijedila je i nagrada – slikovnica, odnosno knjiga, koju sam mogla da pročitam za vrijeme raspusta.

Sjećam se svoje prve slikovnice: "Metlica samočistačica", koju sam dobila za odličan uspjeh u prvom razredu osnovne škole. Kad bolje razmislim, ova prva slikovnica koju sam zasluženo dobila na dar, kao da je nagovještavala da ću i dalje puno toga sama raditi u životu, sama čistiti svoju životnu stazu u želji da dođem do svog cilja. I vjerujte, bilo je istine u ovome. Nakon ove, slijedila je slikovnica "Guliver", pa knjige sa tvrdim povezom: "Pinokio", zatim "Jedan dan mog života"...

Za razliku od osmogodišnje škole, u to vrijeme, u

srednjoj školi, bar ne u mojoj, nisu poklanjali knjige odličnim učenicima na kraju svake školske godine, već samo na kraju završnog ispita.

Posljednju knjigu, koju još uvijek čuvam, "Razbesneli anđeo" od Lajoš Zilahija, dobila sam po završetku četvrtog razreda srednje škole i završnog ispita. I u naslovu ove posljednje, ima jako puno simbolike...

RUKOTVORINE

Možda sam išla u drugi ili treći razred osnovne škole kada sam naučila da vezem. Moj prvi ručni rad s vezom bio je takozvani "šibičnjak" na kojem je bio odštampan crtež patuljka koji u ruci drži upaljenu svijeću. To je komad platna sašiven u obliku džepa koji se čuvao na zidu pored šporeta na čvrsto gorivo, a služio je za držanje šibica. Kada sam bila starija i već dovoljno iskusna u vezenju, mama bi na moju molbu odvojila nešto novca za kupovinu komplikovanijih komada za vez – "zidnjaka", koji su u to vrijeme bili popularni.

Da malo pojasnim.

Zidnjaci ili zidne krpe su izvezene bijele platnene tkanine sa duhovitim porukama koje su činile cjelinu s vizuelnim motivom. Ranije su se nalazile u gotovo svim seoskim kućama, a nešto kasnije i u gradskim domovima. Nalazili su se obično na kuhinjskim zidovima jer je kuhinja bila centar društvenog zbivanja, porodičnog okupljanja ili susreta s gostima.

Zidnjaci su se vezli koncem u boji na bijelom platnu, uglavnom četvrtastog oblika po šemi prethodno preslikanoj indigom i olovkom, a odražavali su najčešće motive mladih žena u kuhinji. Najčešće poruke su bile: "Kuharice, manje zbori, da ti jelo ne zagori", "Kuharice skuhaj ručak fino, pa ćeš dobit novaca za kino", "Kada ručak skuham bolje, muž je bolje volje"....

Naravno, kako sam odrastala, vremenom se i način ukrašavanja našeg doma ručnim radovima mijenjao, kao uostalom i u drugim domaćinstvima. Tako sam i ja vezla ukrasne jastučiće, stoljnjake u kompletu sa vezenim miljeima koji su se stavljali na namještaj.

Bogatije kuće su imale heklane miljee, a oni koji to nisu sebi mogli priuštiti jer su heklani komadi bili skuplji, zadovoljavali su se vezenim komadima. Ipak, i to je bilo nešto. Kada se taj komad lijepo izveze, pogotovo ako su izbor platna, boja konca i motiv odgovarajući, te kada se opere i uštirka, daje kući poseban pečat.

Kasnije su u modu došli gobleni, prvo štampani pa onda i Vilerovi, koji su bili posebno cijenjeni jer su rađeni na goblen platnu, s tanjim koncem, po šemi, što je iziskivalo više truda i spretnosti.

Vezla sam i goblene. Prvi moji izvezeni gobleni i danas se nalaze u porodičnoj kući, u kojoj sam provela svoje djetinjstvo.

ROĐO

Voljela sam kada nam se najave gosti, pogotovo oni sa djecom mog uzrasta. Znala sam da ću se lijepo družiti s njima i da mi neće biti dosadno.

U goste nam je između ostalih dolazio očev rođak Lutvica sa ženom i njihovih troje djece. Taj rođak, kojeg je moj otac od milja zvao "Rođo", imao je dvije kćerke i jednog sina. Sin je bio nešto stariji, a kćerke mlađe, od kojih je jedna bila moja vršnjakinja.

Nakon večere, mi, djeca bili smo zaduženi da zabavimo ostale bilo recitacijama ili pjevanjem. Bila je to neka vrsta takmičenja ko će od nas biti bolji u ovome. O tome je odlučivala publika koju su činili naši roditelji, prvenstveno očevi, te moji sestra i brat, koji nisu učestvovali u takmičenju. Zašto? Valjda zato što nisu bili odlični učenici, te nisu imali afiniteta za recitovanje, zbog čega moj otac nije htio da rizikuje, jer bi u tom slučaju djeca njegovog "Rođe" bila u prednosti. Dakle, ja sam se takmičila i predstavljala našu porodicu. Nisam se plašila, jer sam bila na svom terenu, a pošto sam bila takmičarskog duha, ovo mi se jako sviđalo.

Bila sam samo dijete, nedovoljno odrasla da shvatim neke stvari, da utičem na očevu odluku pa da svi učestvujemo u ovoj "predstavi". Bilo bi lijepo da uz mene učestvuju i moja sestra i brat. Ovako sam razmišljala kasnije, kada sam bila nešto starija. Tada mi je bilo važno da ja učestvujem, da meni ne bude dosadno. Kasnije, kada sam bila starija, kad god bih se sjetila ovoga, osjećala sam se ružno i naravno, drugačije gledala na sve to. Shvatila sam da je moj otac svjesno pravio diskriminaciju među svojom djecom.

Volio je i bio samo uz ono dijete koje je dobro učilo, koje je bilo ponos njegove porodice i kojim se on mogao hvaliti. A mogao je da se malo potrudi i pomogne mom bratu i sestri da budu bolji učenici pa bi imao "jači tim". Tada je meni godilo što baš meni poklanja posebnu pažnju, da samo meni ide na roditeljske sastanke... Valjda je to bilo tipično razmišljanje jednog djeteta. Međutim strašno je griješio, a niko mu na to nije ukazao.

A mama? Mama je bila nepismena žena, žena sa sela iz patrijarhalne porodice, koja mu se nije smjela suprotstaviti. Morala je da trpi i više od toga.

NOĆ ZA PAMĆENJE

Odrasla sam u porodici gdje se znalo ko je "glava" kuće. Naravno, bio je to otac. On se za sve pitao, a majka je imala svoju ulogu, sporednu. Bila je nepismena, odrasla na selu, a udala se u grad za čovjeka kojem ovo nije bio prvi brak. Imao je šestoro djece iz prvog braka, koje je moja majka "naslijedila" ulaskom u ovaj brak, jer je njihova majka umrla, pa je tako ona dodatno dobila i ulogu maćehe. Bila je ponizna, slušala muža bez prigovora i sve radila kako je on to htio. Njegova djeca također.

Moj otac je živio u ubjeđenju da će samo batine pomoći da njegova djeca budu poslušna, da postanu dobri, vrijedni i pošteni ljudi. Dok sam bila dijete puno toga nisam razumjela. Mislila sam da tako treba, da se tako radi i u drugim porodicama. I za najmanju grešku, pogrešan potez, moj brat je dobivao batine. Kasnije sam saznala da je tako postupao i sa ostalom svojom djecom, mojom polubraćom i polusestrama. Čak je i moja sestra jednom prilikom to iskusila. Evo kako je to bilo. Trebala je ići s bratom na pijacu da prodaje povrće, ali je dan prije uz očevu dozvolu otišla kod našeg najstarijeg polubrata u goste, uz uslov da se vrati do mraka. Na insistiranje polubrata i njegove žene, otišla je s njima u ljetno kino gdje se film prikazivao u 21 sat. Radovala se odlasku u kino, ali istovremeno i pribojavala očevog bijesa. Znala je da ovo neće izaći na dobro, ali polubrat je bio uporan. Nije ni slutio da će njegov gest dobro "koštati" sestru.

Za nju je to bio izuzetan događaj jer svi njeni izlasci su se svodili na odlazak u školu i na pijacu radi prodaje povrće kako bi se koliko toliko povećao skroman porodični budžet. Naša porodica nije odlazila na ljetovanje, zimovanje je za nas bio nepoznat pojam, odlasci na rođendane isključeni, jer nismo proslavljali ni svoje...Trebalo je da ovo bude njena noć za pamćenje. I bila je!

Sestra nam je kasnije pričala da je to bio film "Neki to vole vruće". Dobro ga je zapamtila jer je redovno podsjećao i na njene "vruće" batine koje je dobila baš zbog tog filma.

Kako je vrijeme prolazilo, mrak odavno pao, a sestre još nema, otac je u bijesu natjerao mamu da ide po nju. Ona se nije smjela suprotstaviti već se onako u kućnim dimijama i nanulama, gotovo trčeći spustila niz ulicu i otišla do polubrata, odnosno, svog pastorka. Nikoga nije našla kod njegove kuće, pa sva usplahirana, preplavljena strahom gdje da ih traži, raspitivala se po komšiluku svog pastorka i najzad ih našla, u kinu...

A po dolasku kući nastao je haos. Otac je uzeo kaiš, i čim se sestra pojavila počeo je nemilosrdno tuči, ne dozvoljavajući da mu objasni o čemu se radi, a niko ga nije smio zaustaviti. Brat i ja smo bili mali, sklupčali smo se u ugao sobe i u strahu prekrili oči rukama. Plakali smo zajedno sa sestrom i onda na čuđenje mog oca, ali i nas dvoje, mama je odjednom stala ispred sestre zaklanjajući je svojim tijelom od bijesnog oca sa kaišem u uzdignutoj ruci. Pokušala ga je zaustaviti obračajući mu se hrabro, a i sama ga se plašila.

Međutim, ljubav prema kćerki i strah da je suviše ne povrijedi, nadjačali su njen strah od toga kako će njen muž reagovati. Bilo je to prvi put da mu se suprotstavila govoreći:

- E dosta više Smaile! Ako već hoćeš da biješ, ubij mene, a nju ostavi na miru!

I za divno čudo on se najednom zaustavio, vidno iznenađen majčinim postupkom, dok se ona sva tresla od silne tuge za djetetom, od straha da ga to neće spriječiti da nastavi sa batinjanjem, od iščekivanja što će se dalje desiti.

Tresao se i otac od silnog udaranja, ali više od bijesa kako se njegova žena mogla njemu suprotstaviti, odakle joj hrabrost, od kud to odjednom kad je on bio glavni i njegova uvijek bila zadnja?! Možda se i kajao, možda je i njemu bilo žao sestre, ali to nije pokazao. Povukao se u drugu sobu ostavljajući nas u suzama, strahu i ožiljcima. Samo on zna o čemu je u tim trenucima razmišljao.

Te noći niko od nas nije oka sklopio. Mama je cijelu noć sestri stavljala obloge po čitavom tijelu. I takva, izudarana, sva u masnicama, moja sestra je sljedeće jutro otišla na pijacu s bratom kao da se noć prije ništa nije desilo. Bilo je savim normalno da bez obzira u kakvom je stanju, izvrši svoju obavezu, a imala je samo četrnaest godina!

Bilo mi je toliko žao sestre, a oca sam mrzila! Danima nisam htjela da budem ni blizu njega, bez obzira što mi se pokušavao dodvoriti na razne načine, jer sam bila njegovo najmlađe dijete, njegova mezimica.

POSEBNI GOSTI

Posebno sam se radovala kada nam u goste dođu polubraća i polusestre sa svojim porodicama. To su bili vikendi za pamćenje, ne računajući one dolaske u vrijeme Bajrama. Dvorište je bilo puno djece, nešto mlađih od mene, ali sa istim željama. Bili su tu Jasminka i Jasmin (a od milja smo ih zvali Jasna i Bracan), djeca moje starije polusestre Arzije, te Alma i Albin, djeca mlađe polusestre Zilhe. Jasna, Nermina (od milja je zvali Nerma) i Dijana su djeca polubrata Jusufa, a Indira i Aida, djeca najstarijeg polubrata Mehmeda. Ne sjećam se da nam je u posjetu dolazila Fahrija (zvali smo je Fahrica), kćerka mog polubrata Edhema koji mi je bio velika podrška nakon smrti oca. Vjerovatno nam nije dolazila jer su joj roditelji bili razvedni. Nakon prvog braka slijedila su još dva u kojima je Edhem dobio po jedno dijete: sina Adnana i kćerku Lejlu.

Adnan je zbog teške bolesti umro veoma rano, sa devet godina starosti, a Lejlu je dobio iz trećeg braka.

Ona mu je mnogo značila. Kao njegovo najmlađe dijete koje je dobio nakon što je izgubio sina, bila mu je velika utjeha, njegova maza, ljubimica u pravom smislu riječi. Nisam imala priliku da se družim s njom, bila je puno mlađa od mene, jer se ona rodila znatno kasnije, kada sam ja već krenula na fakultet.

Sjećam se Adnana kao izuzetno pametnog i sjajnog dječaka koji je inače živio sa svojom mamom u Donjem Vakufu, a proveo jednu školsku godinu s nama, u našoj kući, na prijedlog njegovog oca Edhema. Pošto je imao problema sa školom, Edhem me je molio da mu ja pomognem u učenju, da mu dam smjernice, a upravo tada sam započela sa studijem, tako da sam imala više slobodnog vremena. Naravno, odmah sam prihvatila ovaj prijedlog sa zadovoljstvom, ne samo zato što je moj polubrat Edhem to zaslužio jer mi je uvijek pomagao i bio izuzetna podrška nakon smrti mog oca, već i zato što je Adnan bio tako ljubazan dječak, lijepo vaspitan i drag, da bi svako bio spreman da mu pomogne. Bilo je sjajno provoditi vrijeme s njim, ali nažalost umro je rano zbog ozbiljne bolesti.

Polubrat Rahmo je bio oženjen Slovenkom Slavicom i živio je u Sloveniji. Rijetko je dolazio, a samim tim i njegov sin Leon.

Igrali smo se raznih igara, a ono što mi je posebno ostalo u sjećanju, šnite su svježeg domaćeg hljeba namazanog domaćim šipkovim pekmezom, što smo mi, djeca, u slast jeli za užinu, prije ručka.

Ručak je bio za nas, djecu, poseban doživljaj – odrasli jedu za trpezarijskim / kuhinjskim stolom, a mi djeca sjedimo na podu. Pričamo, smijemo se i jedemo, sve u isto vrijeme. Ispred nas se prostre bošća (neka vrsta stoljnjaka), a na nju postavi sofra na koju se se redaju razna jela: prvo supa koju svi jedemo iz jedne posude – ćase, a zatim slijedi glavno jelo – sarma ili bosanski lonac, ili filovane paprike, a na kraju pita. Za desert bi bile hurmašice ili sutlija. Baklava se pravila samo za Bajram.

Iako siromašni, kada gosti dolaze mama je pripremala posebna jela što nije bio slučaj ostalim danima, kada smo bili sami. Tada smo imali jedno jelo, obično grah koji baš i nisam voljela, mahune ili pita. Ja nisam bila ljubitelj kuhanih jela, izuzetak su bile pite. Više mi je "ležao" hljeb namazan domaćim pekmezom.

Ako ćemo pravo, najviše sam voljela kada mi mama od domaćeg hljeba, dok je još vruć, odreže okrajak, a u sredinu stavi maslo, doda aleve paprike i posoli. To bih pojela u slast.

BICIKLO "SPECIJALKA"

Moja velika želja u ranom djetinjstvu, a i nešto kasnije, gotovo do polaska u srednju školu, bila je da imam svoje biciklo. Sanjala sam ga vrlo često.

Jedan od moje polubraće, Edhem, nakon očeve smrti pomagao mi je u nabavci knjiga, odjeće i obuće, doduše polovne, ali izuzetno lijepe i kvalitetne, dobro očuvane – od njegove kćerke Fahrice, godinu dana starije od mene. Pošto je bio na dobroj funkciji, imao je dobra primanja, te je svojoj porodici mogao pružiti puno toga. Ja sam bila sretna kada dobijem polovne stvari koje je već koristila njegova kćerka, jer meni moji roditelji nisu mogli priuštiti mnogo toga.

E taj moj polubrat, za kojeg su mnogi u školi mislili da mi je otac, jer je između nas bila znatna razlika u godinama, obećao mi je jednom prilikom, na kraju školske godine, da ću od njega dobiti specijalan poklon.

Pošto je upravo u to vrijeme moj sestrić Bracan, sin moje polusestre Arzije, nešto mlađi od mene, već imao biciklo "specijalku", ne znam zašto, ali sam ja sebi uvrtila u glavu da ću eto i ja konačno dobiti svoje biciklo "specijalku".

Ovaj nikad nedobiveni poklon često sam sanjala, bila zavidna djeci koja ga imaju i dugo nisam odustala od nade da ću ga ipak dobiti, kad tad.

Sestra i brat su me često zadirkivali zbog ovoga govoreći:

- Dobit ćeš ti specijalku, malo sutra!

PRVA KUPOVNA HALJINA

Sjećam se svoje prve haljine koja nije bila nošena, nije bila naslijeđena, bila je nova, kupljena u prodavnici i još po mom izboru!

Završila sam treći razred osnovne škole, naravno, odličnim uspjehom. Upravo tada, po završetku školske godine iz Slovenije je stigao moj polubrat Rahmo, koji me zbog toga što sam, kako je on znao reći, bila "pametna" i odlična učenica, posebno volio i izdvajao od ostale djece. Poveo me u čaršiju da ja izaberem haljinu kao nagradu za odličan uspjeh, i to po svom ukusu. Ušli smo u prodavnicu i prvo što je uradio predstavio me prodavačicama:

- Ovo je moja sestrica, odlična učenica i molim vas, pokažite joj najljepše haljine za njen uzrast. Cijena nije bitna!

Bilo mi je neprijatno, ali u isto vrijeme sam se osjećala i nekako posebno. Pa kako i ne bih – prvi put u životu dobijam novu haljinu, iz prodavnice!Nije bila naslijeđena, a nije je sašila ni naša šnajderica. Pored toga morala je biti lijepa i skupa, ne jeftina, jer je tako tražio moj polubrat. I izabrala sam je. U tome mi je pomogao i moj polubrat. Dobro sam zapamtila ovu haljinu, svaki njen detalj. Bila je to svijetloplava haljina sa sitnim bijelim tačkicama (tufnama) sječena u struku i nabrana, a na prsima je imala bijele volančiće, te kratke "puf" rukavčiće koji su završavali prelijepom, nježnom čipkom. Imala je plavu traku oko struka koja se vezala u mašnu otraga.

Oh kako sam izgledala u njoj! Kada sam se pogledala u ogledalo na trenutak sam pomislila da je to neka djevojčica iskočila iz nekog filma.

Možda je ova, baš ova haljina bila podsticaj da uspijem u budućnosti, da mogu sebi priuštiti lijepe i skupe stvari, da budem neko, da se svi ponose sa mnom, baš kao što se taj dan sa mnom ponosio moj polubrat Rahmo.

MOJA ULICA

Moja ulica je bila poput svake druge ulice u nekom predgrađu. Imala je svoje kuće koje su se nalazile s obje njene strane, te sporedne puteve koji su vodili u pojedine dijelove mahale. Imala je i česmu pride.

Prošlo je još dosta godina dok voda nije dovedena u avlije i kuće tako da je centar zbivanja čitave mahale bila upravo ova česma. Preko dana tu su se okupljale žene i djevojke da peru i ispiru veš, te djeca da se napiju vode kada ožedne, ali više da se igraju na ogradi.

Oko tri strane česme bila je željezna ograda napravljena od okruglih šipki na koje su žene ostavljale svoj oprani veš da se okapa. Kada je ograda bila slobodna, bez veša, nama djeci je služila za igranje. Penjali smo se po ogradi, na njoj pravili kojekakve figure, kolut naprijed i nazad,... Današnja djeca imaju uređena dvorišta sa raznim napravama namijenjenih za igru što u mom djetinjstvu nije bilo ni na vidiku. Do česme su vodile betonske stepenice, oštećene, ali još uvijek u funkciji. Doduše zimi su bile opasne kada se zalede, pa su samo stariji mogli da se spuste po vodu. U ranim noćnim satima djeca su se spremala za spavanje, a onda su po vodu dolazili momci i djevojke i usput ašikovali.

Vremenom su gotovo svi u našoj mahali proveli vodu bilo u svoje kuće ili u avlije. Jednog dana dobili smo i mi vodu, a pošto nismo bili dovoljno bogati da bude provedena i u kuću, imali smo svoju česmu u avliji.

Ne sjećam se kada, ali jednog dana po povratku iz škole, zapazila sam da nema željezne ograde, da nema česme, one zajedničke, česme našeg naselja. Na tom mjestu je ostala gomila zemlje, brežuljak, sa kojeg smo se zimi mi, djeca, spuštali saonicama prema ''logoru''. To su ustvari bile barake postavljene tako da su zatvarale veći prostor, dvorište iz kojeg se ulazilo u pojedine stanove u kojima su živjele porodice rudara. Tek kasnije sam saznala zašto su se ove barake zvale ''logor''. To je za vrijeme

Drugog Svjetskog rata zaista bio logor.

Moja ulica je imala svoj prosjek i siromaštvo, ali nije imala šansu da postane prava ulica, asfaltirana, jer za asfaltiranje je bio potreban jak lobi. Lobi traži novac, a ulica nedovoljno interesantna. Bez ''jakih'' ljudi, dovoljno uticajnih, sa siromašnim žiteljima, ljeti se gušila u prašini, sve do neke 1960-te. Tada je i na ovu ulicu došao red da bude asfaltirana te je konačno i ona dobila izgled prave ulice.

Evo još nešto vezano za moju ulicu.

U mojoj ulici su uglavnom živjele radničke porodice. Očevi su bili zaposleni u Željezari, neki na Rudniku, na Željeznici, u Miliciji, a majke su bile domaćice. Djeca iz tih porodica u većini slučajeva nisu bili baš dobri učenici tako da su uglavnom završavali zanate ili ostajali na osnovnom obrazovanju, a samo nekoliko njih je završilo i fakultete.

Sjećam se svojih najbližih komšija. Dvije kuće dalje od naše, na istoj strani ulice, stanovala je porodica Perčinlić, sa sedmoro djece od kojih je troje završilo fakultet: Ljubomir, Vlado i Helena. Najstariji sin Ljubomir postao je poznati slikar. Nasuprot njihove kuće, s druge strane ulice stanovala je porodica Botić. Njihov najstariji sin Zdenko, također je završio fakultet i postao pozorišni glumac. Do naše kuće bila je porodica Vidimlić sa šestoro djece od kojih je najstariji sin Fahrudin završio fakultet.

Još samo jedna porodica u našem komšiluku mogla se pohvaliti da ima fakultetski obrazovano dijete. To je bila moja porodica. Od nas troje djece, dvoje starije je završilo zanat, a ja najmlađa, fakultet.

Iako su ove porodice imale nešto zajedničko s mojom, ipak su se razlikovale od nje - nisu bile baš imućne, ali ne i siromašne kao moja.

I još nešto veoma bitno - očevi u ovim porodicama su bili živi i zaposleni, a moja porodica je ostala bez oca penzionera kada sam ja imala samo deset godina, a majka je bila domaćica, i još nepismena...

INAN

Naša kuća se nalazila nasuprot česme koja je bila itekako važan objekat kako našoj, tako i ostalim porodicama u našoj mahali. Sve ono što se dešavalo na česmi i u njenoj neposrednoj blizini, mi smo mogli vidjeti iz dvorišta, ili još bolje, s prozora. Čak nismo morali ni gledati – mogli smo čuti što se zbiva, jer nije bilo buke od automobila koji su u to vrijeme bili rijetka pojava u našem gradu, a našom ulicom gotovo da nisu ni prolazili.

Mogli smo čuti razgovore komšija, graju djece koja se igraju oko česme, majke koje iz obližnjih kuća zovu djecu na ručak, ili da idu u školu,... Mogli smo čuti i jedan poseban zvuk koji je nadjačavao sve ostale. Bio je to zvuk kotrljanja metalne kante za vodu, na koji smo već svi bili navikli. Znali bi o čemu se radi i uzvikivali bi:

- Opet je Inan dobio napad!

Inan je bio momak koji je sa svojom porodicom i "padavicom" živio u našoj mahali, par kuća dalje od naše. Pravo ime mu je bilo Ivan, ali su ga svi od milja zvali Inan.

Tek kasnije, kada sam odrasla, shvatila sam da je bolovao od epilepsije. Napad je dobivao iznenada, a ne rijetko, idući na česmu po vodu. Zvuk njegove kante koju ispusti pri padu, bilo je upozorenje da mu neko od najbližih pritrči, bilo sa česme, ulice ili iz najbliže avlije. Par puta sam prisustvovala tom događaju i vidjela da mu stavljaju nešto u šaku, umivaju ga vodom i na moje veliko iznenađenje, nakon izvjesnog vremena on "dođe sebi", polako otvori oči gledajući sve oko sebe i na kraju ustane kao da se ništa nije ni desilo.

Pitala sam se u čudu što mu je to pomoglo, a nešto kasnije dobila sam i odgovor. Bio je to običan ključ, jer su stariji vjerovali da pomaže u ovakvim slučajevima. Nisu me odmah uvjerili, ali nakon više njegovih padova, shvatila sam da su bili u pravu.

Trajalo je to neko vrijeme, a onda dugo nismo čuli ovaj zvuk. Pitali smo se što nema Inana. Stariji su nam objasnili da Inana nema više, ozbiljno se razbolio i umro. Iako nismo bili bliski s njim, sva ulica je neko vrijeme utihnula. Ostali su drugi zvukovi, ali onog karakterističnog koji je nadjačavao sve ostale, nije bilo. Jedno vrijeme se Inan spominjao, a onda su ga svi zaboravili.

Eto, ja sam ga se sad sjetila.

KUĆICA ZA LUTKE

U nedostatku igračaka koje su imala druga djeca mog uzrasta, sama sam ih pravila i uživala u tome. U to vrijeme samo su djevojčice iz bogatijih porodica imale prave, skupocjene lutke, namještaj za lutkinu kućicu i sve ostalo što uz to ide.

Ja o tome nisam čak ni maštala. Naslijedila sam platnenu lutku sa gipsanom glavom, kojoj je nos bio okrnjen, a boja s očiju i usana gotovo spala.

Tek mnogo kasnije, poslije očeve smrti, kada je mama počela da prima penziju nasljeđenu od oca, dobila sam prvu svoju lutku, malu plastičnu. Na sebi je imala običnu haljinicu, ali sam je ja oblačila u haljinice i suknjice koje sam šila od ostataka platna koje bi mi dala naša šnajderica.

A namještaj? E to je bila posebna kreacija. Ne sjećam se ko mi je to pokazao, ili sam možda sama došla do te ideje, zaista ne znam. Od običnih čičaka pravila sam sofe (kauče), fotelje i krevet na vrlo jednostavan način. Nabrala bih čičaka kojih je u blizini naše bašte bilo na pretek, spajala ih jedan na drugi i oblikovala ih u ono što sam zamislila. Preko tako dobivenih komada "namještaja" stavljala sam krpice izrezane po mjeri koje su služile kao prekrivači.

Od kartonskih kutijica – obično onih od lijekova, pravila sam ormar, šporet, sto, a sve to onda bih smjestila u kartonsku kutiju od cipela na čijim stranicama bih izrezala prozore, a na njih stavljala zavjesice, nabrane na konac i učvršćene špenadlama za kutiju.

Bila je to MOJA kućica za lutke, meni izuzetno draga i vrijedna igračka. Drugoj djeci je bila samo zanimljiva, sigurna sam ne i lijepa i vrijedna kao meni, ali to nije bilo ni važno.

ROĐENDAN

Datumi rođenja mojoj porodici su bili beznačajni. Nikada se nisu obilježavali nikom od nas. Dakle, rođendane nismo slavili niti smo insistirali na tome. Tek mnogo kasnije, shvatila sam da je to dan koji se treba pamtiti i obilježiti, kada nekom bliskom, posebno onome do koga ti je stalo, trebaš pokloniti nešto, barem poljubac i iskrene čestitke.

Evo i sada dok ovo pišem nije mi jasno zašto se to u našoj kući izbjegavalo, zašto barem starija sestra nije to promijenila i naučila nas mlađe da je to važan dan, da ga trebamo pamtiti i čestitati jedni drugima. Pokloni nisu toliko bitni.

Sjećam se da sam u djetinjstvu samo jednom bila na rođendanu, a išla sam možda drugi razred osnovne škole. Bio je to rođendan kćerke mog polubrata Edhema, koja je samo godinu dana bila starija od mene i čiju sam već nošenu odjeću i obuću ja nosila uz beskrajnu zahvalnost. Pošto je bilo ljeto, rođendan je organizovan u dvorištu njihove kuće u centru grada.

Kakav je to divan prizor bio – kao na filmu.

Na dvorištu, u travi bio je postavljen veliki sto, prekriven lijepim bijelim stoljnakom, a na njemu razne poslastice, slane i slatke. Oko stola su bile stolice na kojima su već sjedila djeca bliskih prijatelja mog polubrata, djeca moje druge polubraće i polusestara, te naravno slavljenica Fahrica, kojima sam se i ja pridružila.

Niko od mojih me nije uputio kako treba da se spremim za rođendan, kako da se ponašam. Niko mi nije kupio poklon za slavljenicu. Došla sam "praznih ruku". Bila sam tako sretna što sam pozvana na ovu proslavu, ali kada sam stigla, shvatila sam da je bila greška što sam ovdje dolazila. Odjednom me preplavila neka tuga i nelagoda. Moja pojava je pokvarila ovu lijepu sliku, sliku djece u svečanoj odjeći, okupljenu oko svećano ukrašenog stola za koji sam eto trebala i ja sjesti.

Ne sjećam se baš, ali čini mi se da mi je neko od starijih rekao, možda moj polubrat Edhem ili njegova supruga Adva, da priđem slavljenici i da je poljubim i čestitam joj rođendan. To sam i učinila, nespretno, gotovo bojažljivo, a vjerovatno zato što me ona nekako s visine pogledala, čak bih rekla s mržnjom. Kao da joj je smetalo

moje prisustvo. Bilo mi je jako neprijatno. Najradije bih propala u zemlju, pobjegla, ali nisam mogla. Noge su mi bile teške, kao da su se zabetonirale u zemlju. Nisam mogla ni korak da napravim. Jednostavno sam se ukočila, a rumenilo je sve više i više prekrivalo moje nježno lice. Bila sam sigurna da svi bulje u mene i da će se svaki čas čuti gromoglasan smijeh djece upućen meni, djevojčici iz predgrađa, u skromnoj odjeći, sa nespretno svezanom mašnicom u kosi. To se na svu sreću nije desilo!

Kad bolje razmislim, Fahrica me nikada i nije baš voljela. Nikada nije pokazala interes i želju da se druži sa mnom. Naprotiv, i kada smo bile puno starije svaki naš slučajni susret na ulici, pa čak i u kancelariji njenog oca počeo bi i završio sa samo jednom riječju "zdravo".

Uvijek mi je ostala ista, i dok je bila dijete, a i

kasnije kada je odrasla – lijepo obučena, divne duge kose, visoka i u lijepim cipelama sa visokim potpeticama, koje su je činile još višom. Hodala je dignute glave i pogledom koji ubija. Možda se meni samo tako činilo, a sve mislim da je samo mene tako gledala. Ali zašto?

Prošlo je dosta vremena dok sam ja počela uopšte da razmišljam o ovome. Pretpostavljam da je bila ljubormorna na mene jer sam oduvijek bila odlična učenica, a ona ne. Naprotiv, više loša nego dobra. Vjerovatno me njen otac zbog ovoga hvalio, a njoj to smetalo.

Kada sam bila starija, par puta sam htjela s polubratom da popričam o ovome i da ga pitam zašto se ona tako ponaša, ali sam svaki put odustajala, jer sam se plašila da ću ga povrijediti. Čak sam bila sigurna da on sve to vidi i zna, da saosjeća sa mnom, ali nije htio da povrijedi svoju kćerku, da se ona ne naljuti na njega. Pošto se razveo od njene mame, nastojao joj je ugoditi i ispuniti svaku njenu želju. Prelazio joj je preko mnogo grešaka, tolerisao puno toga. Možda je i pričao s njom o ovome. Ko zna?

A smetalo mi je njeno ponašanje. U njenom prisustvu nekako sam uvijek osjećala neki stid. Možda zbog toga što je ona na sebi imala lijepu odjeću, obuću, bila uvijek lijepo dotjerana, a ja nekako skromno obučena, ništa posebno.

Dok se ona pravila važna kako smo mi djevojčice znale reči, ja sam u njenom prisustvu još više izgledala jadno. Već na prvi pogled moglo se vidjeti da ne pripadam njenoj klasi.

Sa Fahricom nisam bila u kontaktu, ali sam od drugih saznala da se nakon završetka osnovne škole upisala u Gimnaziju, ali je morala već nakon prve godine napustiti jer joj je bilo preteško. Kasnije se upisala u Ekonomsku školu...

Prošlo su godine i godine dok nisam shvatila svoje kvalitete na koje su mi to drugi ukazali. Nisam bila svjesna da nemam razloga da se stidim. Drugi su bolje od mene vidjeli da za stid nema mjesta. Bila sam vrijedna i redovno među najboljim učenicima, a kasnije i među studentima.

Po završetku školovanja zaposlila sam se u prestižnoj instituciji u kojoj su radili samo najbolji. Bila sam uspješna poslovna žena, koju su svi poštovali i cijenili. Međutim, nikada nisam zaboravila onaj rođendan iz djetinjstva. Svaki rođendan moje djece, a kasnije i moje unučadi, podsjetio bi me na ovaj.

NOĆNA MOLITVA

U mojoj porodici otac i majka su bili veliki vjernici, a djeca ne, i to ne samo nas troje najmlađih, već i moja polubraća i polusestre. Niko od nas djece nije mnogo obraćao pažnju na vjeru, nije išao u džamiju, niti se kod kuće molio Bogu, tj. učio iz Musafa i klanjao.

Moja polubraća i polusestre su poštovali oca i maćehu i obavezno dolazili u posjetu sa svojim porodicama u vrijeme Bajrama. Supruge dva polubrata, Jusufa i Rahme, bile su katoličke vjeroispovijesti, ali su dolazile i one na Bajrame i zajedno ga slavile u krugu velike porodice njihovih muževa. To što njegove snahe, Olgica i Slavica, nisu muslimanke, mom ocu nije smetalo. Nama ostalim još manje.

Poštovao je svaku vjeru, nije nametao svoju, ali je djeci svoju nastojao približiti dok su još bili mali. Sjećam se da je svako veće, nakon što večeramo, uzimao u ruke Musaf i učio iz njega.

Mama, moja sestra i brat su morali sjesti pored njega, na koljena, i moliti se Bogu zajedno s njim. Brat i sestra to nisu voljeli, ali ko ih je pitao – morali su slušati oca. Ja sam kao miljenica oca bila pošteđena ovog, mogla sam ići na spavanje.

Kao da je bilo jučer, čujem oca kako govori:

- Ti 'ćeri možeš ići leć.

Smrknuti pogledi mog brata i sestre u kojima se ogledao umor i želja za snom, jasno su pokazivali koliko mi zavide, ili bolje reći - koliko me zbog toga mrze.

ZABRANJENO PO ŠERIJETU

Muslimanima nije dozvoljeno da konzumiraju svinjetinu ni po koju cijenu osim u situaciji nužde kada je čovjekov život direktno ugrožen zbog žestoke gladi, a svinjetina je jedina hrana koja mu je pri ruci. Po Šerijatsko- pravnom kodeksu zabranjene stvari su u nuždi dozvoljene.

Sve ono u čemu je šteta za ljudski život, bilo da se radi o zdravlju, imetku ili ponašanju, ulazi u okvire ružnih i nevaljalih stvari. Savremena istraživanja kao i liječničke analize potvrdili su da je svinjetina štetna po ljudsko zdravlje: svinjsko meso uzrokuje parazitska, bakterijska i virusna oboljenja, kao i mnoge druge bolesti, te je to obrazloženje zašto ga ne konzumiraju pravi muslimani, oni koji drže do vjere.

Pošto je moja porodica bila muslimanska koja se pridržavala Šerijetskog kodeksa, kada je u pitanju konzumiranja hrane, razumljivo je da nismo konzumirali svinjsko meso.

Međutim, dok sam bila sasvim mala, nisam

razumjela ovo, a kao i svakom dijetetu, privlačilo me je baš ono što je zabranjeno. Sjećam se, naš prvi komšija Đorđo, redovno je u jesen klao svinju i pravio između ostalog čvarke. Njegova kćerka Milena, gotovo moja vršnjakinja, dijete kao i ja, nije znala da ja to ne smijem jesti pa mi ih je jednom ponudila.

Malo je nedostajalo da uzmem, kada se na vratima pojavila njena mama Milka i počela je grditi. Nas dvije smo se pogledale i na trenutak zastale pitajući se što je to Milena pogrešno uradila.

DIVAN JESENJI DAN OKUPAN SUZAMA

Još jedan divan jesenji dan, suncem obasjan, otvorio je svoja vrata, pun nadanja i ljepote koja priliči uzrastu desetogodišnje djevojčice. Dok su se ostali učenici radovali baš ovom danu, petku, jer je slijedio vikend, kada se ne ide u školu, ja sam se radovala jer sam znala da ću baš to popodne ići kod polubrata Mehmeda u goste i igrati se s njegovim kćerkama, Indirom i Aidom. Imale su tako lijepe igračke i lutke o kojima sam ja mogla samo sanjati.

Jedva sam čekala da školsko zvono oglasi kraj posljednjeg časa i da trčeći idem kući kako bi s mamom i sestrom otišla u goste.

Moj otac je bio u bolnici, kažu na ispitivanju, koje je trajalo više od mjesec dana. Naravno, bilo mi ga je žao. Išla sam mu u posjete sve do posljednjeg vikenda kada nam je rečeno da ipak djeca ne dolaze, samo stariji. Nisam baš shvatala zašto, iako mi je mama rekla da je to zbog njega kako mu ne bi smetali.

Tako je rekao doktor.

Uvijek vesela, skakutava, bila sam djevojčica koja se radovala svakom novom danu, mislila sam da mi se ništa loše ne može dogoditi, da me ništa ne može zaustaviti ili usporiti moj let.

I onda, tog petka, prvog oktobra, negdje oko 18 sati, dok smo se nas tri djevojčice igrale, a mama, moja sestra Zada i supruga mog polubrata, Eda, vodile razgovor uz kafu, nismo ni primjetile da su u sobu ušla moja dva polubrata, Mehmed i Edhem. Jedan od njih, sasvim tiho izgovorio je riječi:

- Otac je umro!

Nikada neću zaboraviti taj dan, taj trenutak. Najednom je zavladala tišina, toliko jaka da smo na trenutak i nas tri djevojčice zastale i prekinule igru.

Odjednom, kao po dogovoru, odrasli, svi u isti čas počeli su da plaču, mama najviše, najglasnije. Sobu su ispunili jecaji, dok smo nas tri najmlađe zbunjeno gledale jedna u drugu, a onda u suzama oblivena lica odraslih. Nisam još bila svjesna što se desilo, a onda sam i ja počela da plačem. Zagrlio me je Mehmed, vidno potresen pokušavajući da me utješi. Nešto mi je govorio ali ga ja nisam čula.

Uskoro smo svi zajedno krenuli našoj, porodičnoj kući, gdje su nakon nekog vremena stigla i ostala polubraća i polusestre, izuzev Rahme, koji je živio u Sloveniji. Telegramom je bio obavješten o smrti oca, te je već narednog dana i on došao sa svojom ženom Slavicom. Sina Leona nisu poveli, rekli su da je ostao kod Slavicine rodbine.

Da, tog dana, moj otac je zauvijek zaspao, zatvorio oči i otišao s ovog svijeta a da se nismo ni zagrlili, poljubili. Tog dana, nisam bila ni svjesna što se zapravo događa. Smrt mog oca, kome sam ja bila mezimica, uz kojeg sam osjećala posebnu sigurnost, odnijela je i dio mene.

Ne odmah, ali vremenom sam shvatila što znači biti bez oca, biti siroče ...

POŠTOVANA MAĆEHA

Moja majka, žena sa sela, vrijedna i uredna, bila je žena koju su svi poštovali i cijenili, svi izuzev njenog muža, mog oca. Tek kada sam dovoljno odrasla mogla sam da razumijem mnogo toga na što kao dijete nisam ni obraćala pažnju. Nikada nisam mogla vidjeti da je otac pokazao malo pažnje prema mojoj majci, da je zagrlio ili joj uputio lijepu riječ. Mislila sam da je to sasvim normalno, da su takvi i drugi muževi prema svojim suprugama. Bila je nepismena, odrasla na selu, a udala se u grad za čovjeka kojem ovo nije bio prvi brak. Imao je šestoro djece iz prvog braka, koje je moja majka "naslijedila" ulaskom u ovaj brak, jer je njihova majka umrla, pa je tako ona dodatno dobila i ulogu maćehe.

Međutim, ona nije bila ona maćeha kako su je redovno opisivali u bajkama. Bila je žena koja je znala pružiti ljubav i pažnju svojim pastorcima, znala je brinuti o njima, a kasnije i o njihovoj djeci koju je čuvala dok su im roditelji bili na poslu.

sam od drugih da ih je toliko puta ona znala "spasiti" od njihovog oca, preuzimajući krivicu na sebe kada nešto krivo urade, samo da bi spriječila muža, njihovog oca, da ih tuče. Nisu to bile obične batine od kojih se brzo oporaviš. Bile su to batine bolne, krvničke, koje dugo pamtiš i bogami dobro osjetiš. Poslije ovih batina ne pada ti napamet da napraviš istu grešku, a to i jeste bio cilj. Dešavalo se da djecu u naletu bijesa, kada su bila starija, nakon dobrih batina otac otjera od kuće, a njihova maćeha, moja majka, potrudila bi se da sazna gdje se kriju, pa bi im potajno, da otac ne zna, odnijela nešto hrane i odjeće...

Nije dugo potrajalo i svi pastorci su po završetku školovanja osnovali svoje porodice i napustili tadašnju porodičnu kuću u naselju Ričice, gdje su živjeli dok ista nije srušena zbog izgradnje željezničke pruge Šamac – Sarajevo. Trasa ove pruge prolazila je upravo preko lokacije gdje je bila smještena ova kuća. Nakon ovoga, ostatak porodice: naša majka, otac i nas troje maloljetne djece preselili smo u trošnu kuću u naselju Brist, koju je otac kupio od novca koji mu je općina Zenica dodijelila kao naknadu za srušenu kuću u Ričicama.

Dok je otac bio živ, moja majka se brinula uglavnom o kući i djeci - da kuća bude čista, a djeca uredna, da im je odjeća oprana, ispeglana, ukrpana, da su obroci na vrijeme i da su gosti dobro usluženi. Gosti u našoj kući su uvijek bili dobro došli, dočekani sa osmijehom i dobro posluženi. Majka je bila oslobođena kupovine bilo koje vrste, bilo da se radi o plačanju režija, o nabavci potrepština za kuću, zimnice, ogreva, bilo da se radilo o kupovini odjeće i obuće, te svega potrebnog za školu.

Nakon smrti mog oca, veliki "teret" je pao na njena leđa. Bilo je toliko toga u što nije bila upućena, a morala je. Morala je odmah, bez odlaganja, da nauči kako da se uhvati u koštac sa životom koji joj i prije toga nije bio bog zna kakav, a sada se morala snalaziti sama, potpuno sama. Iako nepismena, neiskusna u onim stvarima za koje je otac bio zadužen, moja majka je uspjela sama, bez ičije pomoći sa strane "podići" nas troje djece, baš kao da je sve kako treba.

U vrijeme očeve smrti ja sam završila tek treći razred osnovne škole i nisam joj bila baš od neke pomoći. Sestra je bila pet godina starija i pomagala joj je na svoj način, u skladu s njenim godinama, a brat koji je bio tri godine stariji od mene, više je odmagao nego pomagao. Vremenom je očevo odsustvo totalno izblijedilo. Izgledalo nam je sasvim normalno da živimo ovako, bez njegovog prisustva.

Odmah nakon smrti njenog muža kod majke se javio neopisiv strah, neizvjesnost. Onako nepismena, nije ništa znala o porodičnom zakonu i njenim pravima kao žene kojoj zakonski pripada određeni dio imovine iza umrlog. Ostala je udovica iza svog muža s troje maloljetne djece. Nije ni pomišljala da bi samo ona i njena djeca bili nasljednici imovine iza umrlog. Tu su bila i djeca njenog muža iz prvog braka, njeni pastorci.

Ako ćemo pravo to i nije bila neka imovina – skromna kućica sa okućnicom i malom baštom. Međutim, za moju majku to je bilo pravo bogatstvo, jer ništa drugo nije ni imala osim minimalne penzije koju je naslijedila nakon smrti muža. Kako god, do tada je imala siguran krov nad glavom za sebe i svoju djecu.

Te noći, nakon ukopa oca, kada su u porodičnoj kući pored nas troje i naše majke bili prisutni i sva moja polubraća i polusestre sa svojim porodicama, majka je nekako nesigurno, drhtavim glasom, u dubokoj tuzi za svojim bračnim drugom, sa suzama u očima, tiho molila:

- Draga moja djeco, ako može ikako, dajte mi samo jednu sobu, ali ... (slijedila je pauza), da se zna da je moja i moje djece, kako se ne bi našli na ulici.

Sobu je najednom ispunila teška tišina, dopunjena bolom i nekim strahom, a onda je najstariji od njih rekao:

- Tetka (tako su je zvali svi pastorci, pa i njihova djeca), ne brini, niko vas neće dirati, sve dok si ti živa.

To je značilo da su joj dozvolili da i dalje neometano

živi u porodičnoj kući sa svojom djecom, da ih niko neće uznemiravati barem dok je ona živa. Dakle, dobila je više od jedne sobe! Tada nije ni razmišljala što će se desiti s njenom djecom ako ona umre prije nego što završe školovanje, prije nego što ih "izvede na pravi put". Ili možda jeste, pa je tada imala još jednu želju - da živi dovoljno dugo da njena djeca odrastu i sami sebi obezbjede krov nad glavom.

Moja majka se tad zaplakala i kroz suze rekla:

- Hvala vam djeco moja!

Da, ona ih nikako drugačije nije ni posmatrala već kao svoju djecu.

Bila im je zbog ovog beskrajno zahvalna. Osjećala je neku obavezu i koristila svaku priliku da im se nekako oduži, na svoj način. Između ostalog, znala je što svako od njih najviše voli da jede pa bi im to spremila kada je očekivala njihovu posjetu. Ne može se reći da je to radila iz nekog straha, jer je od ranije naučila da dobro ugosti sve one koji dođu u njen dom, a kako ne bi svoje pastorke, svoju djecu. Kad bolje razmislim, bilo je to više iz velike zahvalnosti što su joj *dozvolili* da i dalje živi u ovoj kući sa svojom djecom, što nije završila na ulici, a i to je bilo moguće!

Oni su je poštovali i cijenili na svoj način.

U početku, neposredno nakon smrti oca, dolazili su svake subote na zajednički ručak, koji je moja majka pripremala s posebnom pažnjom vodeći računa o izboru jela. Nastojala je da udovolji njima i njihovim porodicama, a mi, njena djeca, bili smo manje važni.

Štedjela je od skromne penzije i od novca zarađenog prodajom povrća na pijaci, kako bi napravila zajednički ručak koji bi bio dostojan njenih pastoraka. Nama troma, mojoj sestri, bratu i meni, to je sasvim odgovaralo, jer su ručkovi običnim danima bili izuzetno skromni. Bilo je dovoljno da nismo gladni.

Naravno, okupljali su se i na svaki Bajram, a kako je vrijeme prolazilo posjete su bile sve rjeđe, a ostale su samo one u vrijeme Bajrama. Iako su posjete bile rjeđe, oni su održali dato obećanje. Njihovu maćehu i njenu djecu niko nije dirao do njene smrti, a ni poslije...

Prolazile su godine, život je išao svojim tokom, a moja majka, nepismena, neuka, nije znala niti joj je neko pojasnio, da ova kuća s malom okućnicom, pripada njoj kao supruzi iza umrlog muža jer je stečena u braku s njom, a ne u braku s prvom ženom s kojom je imao šestoro djece. Samo zato što su i u to vrijeme sudije traljavo obavljale svoj posao, moja nepismena majka čitav život od udaje i dalje, živjela je u neizvjesnosti i strahu da će se naći na ulici i da njoj ništa, ili gotovo ništa, ne pripada. Mislila je, vjerovala, da u ovoj kući živi nakon smrti svog muža zahvaljujući dobroti svojih pastoraka.

Bila im je izuzetno zahvalna i cijenila njihove dobre namjere. Njen muž, a moj otac, dodatno joj je za života punio glavu da sva njegova djeca, ona iz prethodnog braka i ono jedno koje je dobio sa nekom ženom u vrijeme kada ga je naša majka ostavila i otišla kod svojih, imaju pravo na ovu nekretninu ...

Nama, maloljetnoj djeci, koja smo ostala da živimo s majkom iza očeve smrti u ovoj kući, to se činilo sasvim normalnim. Mi nismo ni kasnije, kada smo postali punoljetni, završili školovanje, osnovali svoje porodice, postavljali bilo kakva pitanja u vezi ovoga.

Tek nakon trinaest godina po očevoj smrti, bilo je ročište vezano za nasljednike njegove imovine!!! Dobili smo dokument u kojem je navedeno da se imovina mog oca dijeli na 11 vlasnika: šestoro djece iz prvog braka mog oca, kćerku dobivenu sa nekom ženom između ova dva braka, nas troje djece iz braka s mojom majkom i na majku!

Trebalo je da prođe više od 40 godina pa da dođem do saznanja da su strahovi moje, sada rahmetli majke, bili neopravdani, nametnuti bez razloga. Evo zašto.

U septembru 2018.godine dobijam u ruke dokument - Rješenje da su na ovu kuću s okućnicom, iza smrti mog oca, pravo vlasništva imali samo naša majka i njenih troje djece!

Zahvaljujući postupku harmonizacije u okviru Projekta registracije nekretnina koji provodi Jedinica za implementaciju projekta Svjetske banke pri Federalnoj geodetskoj upravi, a u skladu sa Zakonom o zemljišnim knjigama, utvrđeno je da je još 1977.godine naša majka jedini posjednik parcele na kojoj je naša porodična kuće. Nakon njene smrti 12.03.1999. navedeno je da smo nas troje, moja sestra Zada, brat Hajrudin i ja, zakoniti posjednici predmetne nekretnine.. Naglašeno je da je ovo zakonski validan dokument izdat na osnovu dokumenata koje im je dostavio Općinski sud u Zenici, uz detaljno obrazloženje i argumente.

Baš me dotuklo ovo saznanje. Nisam mogla da shvatim da se moglo toliko pogriješiti, da se godinama moja majka drži u zabludi, a samo zato što je bila nepismena, što su joj *oni pismeni* tako rekli - pročitali joj Rješenje o ostavšitini iza smrti njenog muža, a ona im vjerovala! U meni su se preklapale tuga, bol, užasan revolt, sažaljenje... Da je bar naša majka ovo znala puno, puno ranije pa da živi život, da ne strahuje i da ne bude na milosti drugih.

Ponovo sam sebi postavljala pitanja ko je za ovo

kriv. Da li su tadašnje sudije tako odradile svoj posao, nisu poštivali postojeće zakone jer je neko to od njih tražio ili stvarno nisu znali uraditi drugačije?? Je li moguće da je nekima iz naše porodice odgovaralo baš to pa su u dogovoru sa sudijom dobili što su htjeli?! Ne, nisam mogla da prihatim ovo. Pa mi smo bili jedna divna porodica, međusobno se uvažavali, sve praznike zajedno slavili, imali zajedničke ručkove, moja majka bila dadilja djeci njenih pastoraka, ...

Zaboli, baš zaboli ako neko u porodici svjesno skriva istinu uz podršku potkupljivih sudija. I sama sam živjela u ubjeđenju da je sve tako kako je pisalo u prvom Rješenju, onom iza očeve smrti. Doduše, bilo je itekako upitno zašto je trebalo da prođe baš trinaest godina iza smrti našeg oca pa da se tek onda obavi ostavinski postupak?!

Tek nakon što su prošle godine i godine, nakon smrti moje majke, nakon saznanja od drugih upućenih u porodično pravo, počela sam razmišljati zašto se odugovlačilo sa ovim. Saznala sam i ovo.

Između ostalog, u jednom od članova ZAKONA

O NASLJEĐIVANJU, navodi se *da sud može odlučiti da bračni drug naslijedi cijelu zaostavštinu, ako je ona tako male vrijednosti da bi njenom podjelom, bračni drug zapao u oskudicu.* **Pri odlučivanju ovoga sud će uzeti u obzir sve okolnosti, a naročito imovinske prilike i sposobnosti, za privredjivanje bračnog druga, trajanje bračne zajednice, imovinske prilike ostalih nasljednika i njihovu sposobnost za privredjivanje i vrijednost zaostavštine.**

Dakle, u ovom slučaju, u vrijeme smrti bračnog druga, iza umrlog ostala je nepismena, neuka žena sa troje malojetne djece, uz minimalnu porodičnu penziju, pri čemu niko od njih, ni majka ni djeca, *nisu bili sposobni za privređivanje*! Ostali nasljednici su bili situirani i stambeno obezbjeđeni.

Znali su da bi podjelom ove skromne imovine ostale iza smrti njihovog oca, njihova maćeha sa troje maloljetne djece, zapala u oskudicu! Svi su znali, samo ona nije ... Očito je da se čekalo da maloljetna djeca postanu punoljetna, da se iškoluju i budu sposobna za privređivanje u ovom domaćinstvu, pa da se tek tada održi ročište.

Nikom od nas troje djece rođenih u posljednjem braku našeg oca, ranije nije padalo na pamet da provjeravamo zašto se toliko dugo čekalo na ovo ročište, da provjeravamo istinitost podataka, vjerujući da sudije znaju svoj posao i da poštuju zakone, a još manje da bi to neko iz naše porodice mogao da uradi. Pa radilo se o maloj kućici, trošnoj, sa malo okućnice i kada bi se to podijelilo na 11 dijelova niko se ne bi obogatio od toga, a svi ostali nasljednici su bili situirani i nikom od njih nije ovaj mali komadić nečije egzistencije bio neophodan. Možda kao uspomena na njihovog oca, mogućnost da se dođe u porodičnu kuću njihovog oca i nakon njegove smrti, ali svakako su to i radili uz majčinu izuzetnu pažnju i na radost svih nas.

Ne, nemam pravi odgovor. Znam samo da sve ukazuje na to da je neko namjerno uz pomoć tadašnjih sudija, u zabludi i strahu držao jednu nepismenu ženu i majku gotovo 36 godina – od smrti njenog muža pa do njene !!!

Nakon uvida u predmetni dokument, doživjevši neopisivo razočarenje, prestala sam da vjerujem u puno toga. Vjerujem i dalje samo u jedno – pravda je spora, ali uistinu dostižna!

Tako mi je žao što se ovo nije otkrilo ranije pa bi se tim otkrilo još nešto - da li bi naša majka bila uistinu i poštovana maćeha?!

Neka ti je rahmet duši, draga moja majko!

ONA JE ZNALA KAKO PREŽIVJETI

Kako je naslijeđena penzija bila izuzetno mala, tek tolika da se kupi nešto hrane i plate režije, majka je bila primorana da obezbjedi dodatna sredstva. Ona je nastavila da dopunjava porodični budžet s novcem od prodaje povrća iz bašte, kao što je to bilo i dok je otac bio živ. Naša majka je sijala povrće u bašti koje smo konzumirali, a veći dio smo prodavali na pijaci.

Činjenica, prodaja povrća na pijaci u relativno malim količinama nije bio posebno "isplativ posao", a tražio je dosta truda. Ipak, nama je puno značio. Ovaj "posao" zahtijevao je mnogo toga – u jesen pođubriti baštu, u proljeće obraditi – prekopati je, napraviti lijehe i posijati povrće, plijeviti, okopavati i zaljevati. Što se tiće obrade bašte i uzgoja povrća, brat je učestvovao samo kod kopanja i grabljenja, a mama je sve ostalo radila.

Mi, djeca smo joj samo ponekad pomagali plijeviti i brati povrće. Nije od nas ni tražila nešto više, samo da učimo. Najveći teret je ipak bio na majci. Ona je pripremala povrće za pijacu, prala ga i pravila "snopiće" (vezice) mrkve i peršuna. Spajala bi po pet/šest komada mrkve i jedan/dva komada peršuna i vezala ih posebnim uzicama koje je pravila od starih, poderanih čarapa – najlonki. Bila je mišljenja da se sve može iskoristiti. To isto bi radila i sa mladim lukom, a salatu, špinat i blitvu bi dobro oprala i to bi se prodavalo na kilogram.

Ponekad smo na pijacu išli svetroje – brat, sestra i ja, a obično samo brat. Za vaganje smo koristili kantar (vagu sa oprugom), koji je na jednom kraju imao kuku na koji se objesi kesa u koju se stavlja povrće i svojom težinom ono rasteže oprugu, koja se zaustavi na određenom mjestu a na skali se očita težina. Lakše bi bilo da smo imali vagu s tasovima i tegovima, ali se ona posebno iznajmljivala na pijaci i plaćala, a to je za nas već bio luksuz. Za nas je bilo previše i to što smo morali platiti placarinu – zakup tezge na pijaci na kojoj smo izlagali svoju robu. Trebalo je štedjeti svaki dinar.

Ja sam voljela prodavati na pijaci. Nekako sam se lijepo osjećala kada kupci dođu do naše tezge i kupuju baš od nas. Da bi privukli što više kupaca, povremeno smo prskali vodom vezice mrkve i peršuna, kako bi uvijek bili svježi, kao da su tek ubrani iz bašte. Pošto sam ja bila mala, da bi me kupci mogli vidjeti za tezgom, brat bi našao gajbu na koju bih se ja popela i tako prodavala naše povrće. Možda je i to privlačilo kupce, jer im je bilo neobično da mala djevojčica prodaje za tezgom. Prodajom povrća na pijaci činilo mi se da sam nešto dobro učinila za svoju porodicu, da sam na neki način pomogla svojoj majci. Osjećala sam se nekako odraslo, važno. Na trenutak bih zaboravila da sam još uvijek samo dijete... Najsretniji smo bili kada sve prodamo, mada se znalo desiti i da vratimo kući nešto od povrća pa ga mama stavi u vodu da ne uvehne do narednog dana, kako bi ga brat ponovo odnio na pijacu.

Majka je kućni budžet dopunjavala i na druge načine. Čuvala bi djecu iz komšiluka dok su njihovi roditelji na poslu, ali i izdavanjem prostorija u prizemlju kuće podstanarima, koje su prethodno renovirane za stanovanje. I za ovo je trebao novac, a naša majka, iako nepismena, ipak je znala s novcem. Učila je iz dana u dan kako preživjeti. Život je na to tjerao.

Znam da je novac dobiven od zaostalih penzija, iskoristila za renoviranje ovih prostorija, mada su joj neki

govorili da za taj novac djeci kupi TV aparat, da sa djecom ode na godišnji odmor, na more. Međutim, ništa od toga. Ona se držala svoga plana. Zahvaljujući ovom potezu moje majke, naš kućni budžet se znatno popravio. Čak smo već iduće ljeto išli majčinoj rodbini na selo u posjetu i bili tamo deset dana.

Sjećam se, bilo je lakše živjeti.

PRVO LJETOVANJE

Rado se sjećam svog prvog ljetovanja. Išli smo majčinoj rodbini na selo. Bilo je to dvije godine nakon očeve smrti. Za mene koja prvi put putuje sa svojom porodicom, a posebno prvi put vozom, bilo je to nezaboravno iskustvo.

Išli smo nas četvoro: mama, sestra, brat i ja. Dok je otac bio živ to je bilo nezamislivo. Ne znam iz kojeg razloga, ali nigdje nismo putovali. Da li zbog toga što nismo imali dovoljno novca, a putovanja koštaju, ili je bilo nešto dublje, možda familijarni odnosi...

Ali eto nakon njegove smrti mama je našla načina da uštedi novca i pored neimaštine i da odemo na godišnji odmor. Svi smo se radovali i jedva čekali da krenemo. Znam da tu noć dugo nisam zaspala, valjda od uzbuđenja i silnog razmišljanja što nas sve na ovom putovanju očekuje. Mama je ranije rodbini kupila poklone, a kada smo stigli na željezničku stanicu, nama je kupila vozne karte i konačno je moglo započeti naše putovanje.

Kada smo ušli u voz ja sam se smjestila pored prozora i jedva čekala da voz krene. Još mi u ušim odzvanja zvuk pištaljke otpravnika vozova, a posebno zvuk lokomotive, popularnog voza "ćire". Bio je to voz s parnom lokomotivom. U to vrijeme nije ni bilo drugog. Poseban doživljaj je bio izbaciti glavu kroz prozor i dok vjetar mrsi kosu, posmatrati predjele kroz koje prolazimo. Ovako iz voza, nekako mi se i drveće činilo drugačijim.

Sve je bilo drugačije. I naša lica. Bila su čadžava, ali obasjana radošću. Pitali smo se šutke što nas još očekuje. Bilo je tamo toliko toga lijepog, nezaboravnog. Prvi put sam uživo vidjela na jednom mjestu toliko različitih životinja: konja, kravu, tele, ovce,...

Vidjela sam kako izgleda štala, kako ljudi žive na selu. Sa rođacima, sestrom i bratom išla sam da kupimo pokošeno sijeno i pravimo plastove. Oh kako je samo mirisalo, a tek ljepote kada nas stariji podignu na formiran plast sijena da ga mi utabamo, kako bi sijeno bolje "leglo" i plast bio čvršći.

Preplanuli, oznojeni, ali sa novim iskustvom nismo osjećali nikakav umor, možda samo žeđ i želju da ovo ponovimo.

Igrala sam se s rođacima i djecom iz njihovog susjedstva, našim vršnjacima. Više smo pričali. Njih je puno toga zanimalo. Htjeli su da znaju kako se živi u gradu, što mi radimo, kako provodimo slobodno vrijeme. Pričala sam im o filmovima koje sam gledala, o svojoj školi i još puno toga.

Osjećala sam se tako lijepo, nekako posebno, valjda zato što su me ta djeca sa sela drugačije gledala jer sam iz grada. Za njih nisam bila ona djevojčica kakvu ja poznajem. Svakim svojim postupkom pokazivali su koliko me cijene i koliko žele biti u mom društvu, da sam i ja sama sebe počela gledati drugim očima. A možda mi se ipak samo činilo.
Po povratku kući shvatila sam da sam ona ista.

"U PAMET!"

"U pamet!" – jedan običan izraz, a značio je puno toga, bar meni.

Nikada mi moja mama nije objasnila što to tačno treba da znači, ali ja sam na neki svoj način znala njegovo značenje i držala se toga.

Meni je ovo zvučalo kao neko važno upozorenje. Ukoliko ga ne budem ozbiljno shvatala i ne budem se pridržavala istog, slijedilo bi mi nešto strašno. Nisam znala što, ali vjerovatno neka kazna. Ako ćemo pravo nisam ni razmišljala o tome samo sam se trudila da ga ispoštujem po mom tumačenju.

Mislim da je značio sve, uglavno sve - da vodim računa što radim, kako se ponašam, s kim se družim, gdje idem, kada se vraćam kući, itd, itd. Dakle, morala sam da vodim računa da ne skrenem s "pravog puta".

Nekako sam znala da se nije odnosilo na to kakve ću ocjene dobiti u školi, da pazim na školskim časovima,... Znala sam da je moja mama vjerovala da mi za to ne treba nikakvo upozorenje.

Bilo gdje da krenem i bilo kada, uvijek me majka ispračala onim famoznim "U pamet!" Ne sjećam se da je ikada zaboravila ovaj izraz, a nisam ni ja.

KAD SE OSTVARE SNOVI

Pohađala sam Tehničku školu "Đuro Salaj", elektro odsjek, koja se nalazila uz Metalurški institut koji je bio jedan od važnijih znakova prepoznavanja Zenice. Ovdje su bili zaposleni vrhunski istraživači različitih specijalnosti. Bila je to značajna institucija, za mnoge nedostižna. Samo najbolji su imali priliku da tu rade i budu dio tog svijeta.

Znala sam za vrijeme školskih odmora, sa prozora ispred moje učionice, gotovo ljubomorno posmatrati zaposlenike Instituta kako u bijelim mantilima za vrijeme pauze za doručak, šetaju kroz predivan park koji je bio ponos ove institucije, ali i čitavog grada. Naravno, mogla sam samo maštati da im se i ja u budućnosti pridružim i budem dio tog svijeta. Uistinu, činili su mi se sasvim drugačijim od ostalih ljudi, kao da su došli s druge planete...

Nikada nisam ni pomislila da će se moji snovi pretvoriti u stvarnost. I ranije sam imala kojekakvih snova a ne sjećam se da su se ostvarili. Možda ipak neki, manji... Ovo je bilo više od snova, mnogo, mnogo više.

Obrazovanje u srednjoj školi završila sam 1972. godine. I ovo školovanje sam okončala s odličnim uspjehom i ne samo četvrti razred već i završni ispit zbog čega sam bila i nagrađena knjigom, koju i sada imam. Čuvana tolike godine za uspomenu: "Razbesneli anđeo" od Lajoš Zilahija.

Trebala sam biti srećna, presrećna, jer eto bilo je itekako razloga da se radujem sa svojom generacijom, ali nešto je kvarilo moju zasluženu sreću i radost. Svi su se spremali za proslavu ovog jako bitnog događaja za mladog čovjeka, položenog ispita zrelosti, a eto ja nisam. Nisam imala novac za kupovinu maturske haljine i sve ono što ide uz to. Nisam htjela da ikog od bliže rodbine opterećujem sa ovim, pa čak ni polubrata Edhema koji mi je uvijek, ili gotovo uvijek pružao podršku i bio mi kao otac. Jedina osoba od koje sam to mogla očekivati bila je moja majka. Međutim, znala sam da majka sa naslijeđenom minimalnom penzijom jedva sastavlja kraj s krajem, da je znala čuvati djecu iz komšiluka kako bi dopunila kućni budžet, tako da sam se pomirila činjenicom da od proslave moje mature nema ništa. Nisam ni insistirala. Naravno da sam bila tužna, nekako prazna i jedva čekala da se završi priča o tome...

Onda je došla ona druga bol. Trebalo je donijeti odluku što dalje da radim – koji fakultet da upišem. Odavno sam imala želju da studiram strane jezike ili medicinu, i to isključivo u Zagrebu. Ovaj grad me nešto posebno privlačio, a zašto, ni sama nisam znala. Imali smo dajidžu, maminog brata Saliha u Sarajevu, pa su moji pomišljali da budem kod njega za vrijeme studija, ali sam ja odavno donijela odluku da to nikako ne dolazi u obzir. Naslušala sam se priča naše dajidžince Fije, Salihove žene, o svim onim našim rođacima sa sela koje su oni navodno iškolovali. Nisam htjela da i o meni takve priče kolaju, nisam htjela da im budem na teretu, mada bi im se moja mama na neki način odužila, a sigurna sam da bih i ja, kad tad. Eto zbog toga sam htjela studirati u nekom drugom gradu, gdje nikog svog nemam, da ne budem nikom na teretu. Razmišljala sam i o ekonomiji, medicini, ali ništa od toga nije bilo u Zenici, samo Metalurški fakultet koji me ama baš ni najmanje nije interesovao, privlačio još manje!

Po završetku srednje škole, prihvatajući činjenicu da nemam finansijske mogućnosti da upišem željeni fakultet, mislila sam da se prvo zaposlim, a studij ostavim za kasnije.

Kad god sam trebala neku pomoć, podršku u vezi škole, obraćala sam se polubratu Edhemu koji mi je bio kao otac i nikada mu nije bilo teško učiniti bilo što za mene. To sam učinila i ovaj put. Rekla sam mu za svoje namjere, ali plašeći se da me ne navede na pogrešan potez, odmah se konsultovao sa svojim prijateljem (tek kasnije sam saznala da je to bio Direktor Instituta).

Prijatelj mu je predložio da prihvatim stipendiju Instituta, jer kao inženjer imala bih daleko veće mogućnosti za napredovanje u karijeri, a što kao tehničarka, ako bih se zaposlila sada, nikada ne bih mogla ostvariti. S obzirom da sam bila odlična učenica, bez problema sam mogla dobiti stipendiju, ali pod uslovom da upišem studij iz oblasti metalurgije...

Ne želeći da iskvarim bratu ja upisah studij na Metalurškom fakultetu i svoje snove o Zagrebu odgurnuh daleko, daleko od sebe.

Dakle, prihvatila sam stipendiju i upisala fakultet, doduše ne onaj koji sam željela, ali sam dobila šansu da po završetku školovanja radim na Institutu, o čemu sam ranije mogla samo sanjati kao i mnogi drugi, a eto ja sam imala sreću da se meni i ostvari san.

Naravno, kasnije, po okončanju studija, to se i ostvarilo. Tu sam zasnovala radni odnos.

Sjećam se kao da je bilo jučer, nakon odbrane diplomskog rada, prof. Milica Juvan, moja mentorica, znajući da sam stipendista Instituta i da me čeka radno mjesto, savjetovala me da nikako ne krećem odmah na posao. Govorila mi je da kada krenem nema odmora, slobodnih dana izuzev vikenda, praznika, a bolje da se dobro odmorim pa tek onda dalje. Saslušala sam je iz pristojnosti, a u glavi su mi se vrzmale misli o što skorijem odlasku na posao. Istina, trebao mi je novac, ali tada mi on nije bio na pameti. Radovala sam se činjenici da ja postajem samostalna, da ću se pridružiti ostalim stručnjacima na Institutu, raditi zajedno s njima, biti "oprave" inženjer!

Bez obzira na moje želje i savjete moje mentorice, rečeno mi je da se trebam javiti u kadrovsku službu nakon kolektivnog godišnjeg odmora, a to je za dva mjeseca. Za mene je to bilo predugo, ali što je tu je.

I konačno je osvanuo taj 17. Avgust 1977. Ja krenula na posao! Ustala sam izuzetno rano, skockala se i s nekom posebnom tremom, ali i izuzetnim ponosom, žurnim koracima spustila se niz ulicu 12. April... Lebdjela sam u oblacima. Nisam osjećala tlo pod nogama, nisam osjećala ništa i pitala se znaju li ovi što koračaju mojom ulicom, da li na meni vide koliko sam sretna, ponosna na samu sebe...

Kako sam se divno osjećala radeći na Institutu, rame uz rame s vrhunskim stručnjacima iz oblasti metalurgije, fizike, matematike, a što je još značajnije, s Akademikom – dr.prof. Kemalom Kapetanović, koji je bio na čelu ove institucije!

Upoznala sam ga još za vrijeme studija. Bio je moj profesor, poznavao je svakog svog studenta, a pogotovo one koji su bili stipendisti Instituta. Pratio je njihov rad za vrijeme studija, pružao stručne savjete i ukazivao na greške. Na neki način ih je tjerao da budu dobri, najbolji! Bila je čast poznavati ovog čovjeka, a možete misliti kakav je tek osjećaj da vam on bude profesor, a kasnije i Direktor!

Puno toga sam naučila od njega, za ono kratko vrijeme koje sam provela na Institutu dok je bio živ. Nažalost, rano je umro, na iznenađenje svih onih koji su ga poznavali, a poznavali su ga mnogi. Poznavali su ga stručnjaci iz mnogih zemalja, iz različitih dijelova svijeta. Šteta, a mogao je još toliko znanja prenijeti mladim istraživačima!

Dakle, nosila sam i ja bijeli mantil, za vrijeme pauza šetala po parku u krugu Instituta, ponosno učestvovala na raznim simpozijumima, sa svojim kolegama radila na raznim projektima, učila kako da budem uspješna, i bila uspješna. Konačno, s ovog mjesta otišla i u zasluženu mirovinu.

Kada sad razmišljam o tom periodu mog života, a nije bio mali, cijeli moj radni vijek, srećna sam što sam opravdala povjerenje mog profesora, rahmetli Akademika Kapetanović Kemala, ali i svog polubrata Edhema.

OBEĆANJE

Iako začeta sasvim slučajno, greškom, ne iz ljubavi i želje, bar ne mog oca, sudbina je bila da ipak dođem na ovaj svijet. Postojala je velika vjerovatnoća da se to neće desiti, ali eto desilo se!

Kao najmlađa od jedanaestoro djece, u siromašnoj porodici gdje se djeci, njihovim potrebama i željama nije pridavala neka važnost, sama sam učila čitati i pisati, sama sam pravila sebi igračke, sama sam učila vesti, plesti, šiti, učila sam od drugih kako treba dobro živjeti, kako biti najbolji, kako biti uspješan i kako ostvariti svoje snove.

Toliko toga mi je nedostajalo, a što su moji vršnjaci imali. I pored toga, bila sam vesele naravi, nasmijana i puna života. Dok sam bila skakutava djevojčica bilo je upravo tako, sasvim jednostavno i za mene prihvatljivo. Kada su prošle godine i ja više nisam bila dijete, skrivala sam to lažnim osmijehom glumeći zadovoljnu osobu baš kao što su to oni kojima ništa, ama baš ništa u životu ne nedostaje.

Nisam imala nikog bliskog da mu se povjerim kako bi mi bilo lakše, da mu kažem koliko je tuge skriveno duboko u meni, natopljeno morem suza, a što niko nije mogao ni slutiti.

Često sam noću plakala, glavom zaronjenom u jastuk jecala da me niko ne čuje i jednom odlučila:

Svojoj djeci, ako ih budem imala, pružit ću sve ono što ja nisam imala, *iz inata* ako treba! Potrudiću se da im pokažem koliko ih volim, bit ću uvijek uz njih, pružiti im pomoć i podršku kad god im bude trebalo. Pobrinut ću se da im život bude lakši, ljepši od onog kojeg sam ja imala, naučit ću ih kako da budu vrijedni i uspješni, ali prije svega kako da budu dobri ljudi !

MOJA DJECA SU ŽIVJELA OVAKO

Da, uistinu sam svojoj djeci nastojala pružiti sve ono što ja nisam imala, što je meni bilo uskraćeno u djetinjstvu pa i kasnije.

Moje kćerke, Nina i Amra, rođene su iz ljubavi, odrastale uz ljubav i pažnju svojih roditelja kojih se nisu morale stidjeti. Njihovi roditelji su bili obrazovani, na dobrim funkcijama, a što je posebno važno, istih godina kao što su roditelji njihovih školskih drugara. Bili su spremni da svojoj djeci pruže mnogo ljubavi, pažnje, podršku i pomoć kad god im je trebalo...

Imale su igračke kao i sva ili gotovo sva djeca njihove generacije, imale su i biciklo, dobijali su za Novu godinu poklon od Djeda Mraza, u firmama gdje su radili njihovi roditelji, u obdaništu, ali i kod kuće, svake, baš svake Nove godine. Zubić vila im je za svaki mliječni zub koji im ispadne, zauzvrat "donosila" poseban poklon.

Kada sam ja bila dijete, nisam ni znala ko je

Zubić vila! Nosile su novu odjeću i obuću, dobijale nove školske torbe i školski pribor na početku školske godine. Nisu bile u situaciji da nose naslijeđenu odjeću i obuću niti školske knjige i torbe. Slavile su svoje rođendane, ali i rođendane svojih rođaka, drugara i prijatelja.

Školske raspuste nisu provodile kod kuće već na moru i to ne samo ljetne već vrlo često i zimske, i redovno boravile u hotelskom smještaju. Prvi put su išle na more već sa sedam mjeseci starosti.

Imale su i svoje ljubimce u različitim razdobljima svog djetinjstva: prvo ribice, pa male kornjače, zatim hrčka, razne papige, macu, kanarinca (doduše njihov tata ga je nabavio više za sebe), a na samom početku rata ispunjena je i dugogodišnja želja naše starije kćerke. Tata joj je jednog dana donio psa vučjaka-njemačkog ovčara. Koliko se moja Nina obradovala! Tu sreću dijelila je sa sestrom Amrom, ali i sa nama, njenim roditeljima. Do tada je bilo nezamislivo da u stanu držimo bilo kojeg psa, a posebno vučjaka koji se strašno brzo razvijao. Od malene kuce donešene u kutiji za cipele, nakon nekoliko mjeseci dostigao je veličinu velikog, odraslog psa kojeg smo morali premjestiti na balkon.

Međutim, eto u ratu je bilo i privilegija. Kćerka je svom ljubimcu dala ime Reks. Bio je ljubimac i svih nas.

Rat je, nismo imali dovoljno hrane ni za sebe, ali Reksu nije ništa nedostajalo. Imao je sreću da mu moj muž svaki dan donosi ostatke hrane iz kuhinje firme u kojoj je radio. Uz Reksa smo na trenutke zaboravljali da je rat, sve dok nas na to ne bi podsjetile sirene za uzbunu zbog granatiranja. Kada je dosta porastao morali smo ga dati jednom prijatelju na selo koji se nastavio brinuti o njemu.

Jednog dana on nam je javio da Reks nije dobro. Sjećam se da su kćerke otišle s mužem da ga posjete. Ja nisam mogla. Vratile se u suzama. Ispričale su mi iako dobro bolestan, bile su sigurne da ih je prepoznao jer je mahao repom, a nije imao snage ni da stoji na nogama. Ponijele su mu nešto hrane od sebe ali nije ni okusio...

Već sljedećeg dana saznali smo da Reksa više nema, a samo zato što nismo imali novca da ga veterinar vakciniše.

Mislim da Nina još uvijek čuva njegovu ogrlicu.

A onda je došlo neko drugo vrijeme...

POČEO JE RAT!

Sve je bilo lijepo, gotovo savršeno do početka 1992. godine kada je počeo rat u mojoj zemlji, Bosni i Hercegovini. Došlo je vrijeme kada sam svojoj djeci, mojim kćerkama, Nini od 13 i Amri od 10 godina, mogla pružiti mnogo manje nego što sam ja imala u svom djetinjstvu, bolje reći gotovo ništa. Kakav paradoks! A do tada su imale divno djetinjstvo, baš kao što sam i obećala. I bilo je sve do ove 92', kada je njihov bezbrižan život bio naglo prekinut. Umjesto divne muzike koju su pratile s MTV-a, muzike njihove generacije, bile su primorane slušati zvuk sirena koje su upozoravale na uzbunu, pucnjevu iz različitog oružja, odjeke granata, jače ili slabije zavisno od toga s koje udaljenosti su ispaljene.

Je li moguće da se to nama dešava? Da li je to stvarnost? Gledamo preko TV-a prenos dešavanja u našoj zemlji, gledamo rat uživo i ne vjerujemo!

Kako je koji dan prolazio sve više smo shvatali ozbiljnost situacije i da je došlo vrijeme za spašavanjem vlastitih života, da se snalazimo kako znamo i umijemo da bi preživjeli, ne znajući da li je tvoj prvi komšija na tvojoj strani ili se moraš i od njega kriti. Jedina dobra stvar je bila da je većina takvih već na početku napustila svoje domove, svoj grad, i priključila se onoj drugoj strani kojoj nije odgovarao suživot ovdje s nama, s onima koji su ostali u ovom haosu da prkose svim nedaćama koje rat nosi i da se na svoj način bore da opstanu. Naravno, bilo je i onih koji su napustili naš grad iz drugih razloga – nisu imali dovoljno hrabrosti da ostanu, da reskiraju.

Mislim da su se u to vrijeme ljudi počeli dijelili u dvije skupine: na one koji su htjeli da idu iz ovog grada, iz ove zemlje, znajući jasno zašto idu, kuda idu i šta ih čeka, ili nisu ništa znali ali su odlučili da idu na sigurnije, i na one koji ostaju.

Došlo je vrijeme kada se sve veći broj naših sugrađana opredjeljivao za ovu prvu skupinu. Nestajali su s najavom ili bez nje. Kada neko ne dođe na posao nikome nije padalo na pamet da pita je li odsutan zbog bolesti, da li je on bolestan ili njegovo dijete. Taj je po nepisanom pravilu u kadrovskoj službi bio evidentiran na posebnom spisku. U našim očima takvi su bili neprijatelji ove zemlje, svojih kolega, za nas otpisani za sva vremena.

U ovu drugu skupinu spadali su oni koji su i pored toga što su znali da je njihova budućnost i budućnost njihove djece neizvjesna, ipak tu ostajali. Ja sam se sa svojom porodicom opredjelila upravo za ovu skupinu. Imali smo čitavu lepezu argumenata za takvu odluku. Da li je to bila hrabrost ili ludost, a možda oboje?

Sad, kad se osvrnem unazad, žalim što se nisam i ja ubacila u onu prvu grupu. Bila bih sa svojom porodicom u normalnoj zemlji sa sistemom koji funkcioniše. Sa ovim obrazovanjem, ovolikim učenjem i znanjem, ovolikim iskustvom, živjela bih u normalnoj zemlji bar pristojno. Znala bih koliko trošim vode, jer bi imali vodomjer. Imali bi kalorimetar pa bi znali koliko potrošimo toplinske energije za zagrijavanje stana, a ne da nas naše

"Grijanje d.o.o." kurbani kako hoće. Imali bi normalne ambulante i bolnicu sa normalnim zdravstvenim radnicima kojima se ne bi morali dodvoravati kako bi nam dali termin, ili bili primorani davati novac za kompleksnije liječenje, a godinama nam od plate odbijali značajnu sumu novca za te svrhe. Izbjegli bi rat i sve "blagodeti" koje on nosi sa sobom, ali bi imali i dosadan život, život bez rodbine, prijatelja, bez svoje domovine! Tako mi odlučimo da ostanemo.

Mi, naivne patriote, čuvali smo radno mjesto, stan, sve ono što smo do tad stekli, trčali smo na posao uzdignute glave, dostojanstveno, kroz fijuk granata, gladni a neispavani, ne zato što nismo imali vremena da se ispavamo, već što nije san dolazio na oči. Lijegali smo u osam, devet sati noću jer nije bilo struje, a kako bi uštedjeli na kandilu. Budili se "sretni" što smo još jedan dan preživjeli a hoćemo li i ovaj, to je već bio izazov. Duboko smo vjerovali, nadali se da će ovo ludilo proći i da će nam opet biti dobro, bar bolje nego što je tad.

Kod nas na Institutu, na posao su išli samo oni

koji su bili angažovani po zadacima koji su odgovarali njihovom obrazovanju i iskustvu, i naravno ako je bilo adekvatnog posla u organizacionoj jedinici u kojoj si radio. U mnogim firmama postojala je radna obaveza, a posla nije bilo ni za lijeka. Nije bilo ni plata, a ipak se redovno dolazilo na posao. Oni koji su bili "na čekanju" jer za njih nije bilo odgovarajućeg posla, zavidjeli su onima koji su i u ratno vrijeme išli na posao.

Dok su pojedini muškarci bili mobilisani, žene su čuvale firme, razmjenjivale ratne recepte, strahove i strepnje za djecu, porodicu, za budućnost koja je bila upitna, a budućnost se odnosila samo na taj dan, a za naredni, već je bila daleka budućnost. Smijali smo se svemu i svačemu, na silu, strahovali, jeli kojekakve gluposti ili nismo ništa jeli, jer nismo imali šta, osluškivali ispaljenje granata, uzbune, a onda žurili kući da se "prebrojimo", da vidimo jesmo li svi na broju.

Vrijeme je prolazilo, a mi preživljavali… Jedne noći, kada je u okviru redukcija red došao da i mi imamo struju u našem naselju, gledala sam dnevnik na TV-u i između ostalog uobičajene scene izbjeglica. Među njima bila je i sedmogodišnja djevojčica, a možda je bila i mlađa, sva uplakana, u svojim nježnim ručicama čvrsto je držala majčinu tašnu, jedino što joj je od nje ostalo. Tako je čvrsto držala, hvatala se za njene ručke kao da su ruke njene majke koje bi je trebale štititi od svakog zla. Sjedila je u kamionu sa ostalim izbjeglicama, onako sitna, sva izgubljena i preplašena, najednom je uz jecaje izgovorila riječi odrasle osobe:

- Blago onom ko se nije ni rodio!

Hiljadu puta, ma i više, prošla mi je kroz glavu ta rečenica izgovorena od prerano odraslog maksuma. A bila je itekako u pravu. Zaista, samo onaj ko se nije ni rodio imao je sreću da ne preživljava ove strahote koje svaki rat nosi sa sobom.

U početku su sva domaćinstva imala koliku toliku zalihu najpotrebnijih namirnica brašna, ulja, šećera, ali se ipak vodilo računa koliko se troši - minimalno, kako bi potrajalo što duže.

Početak rata pamtim po redovima u kojima smo stajali kako bismo došli do neophodnih namirnica, onih svakodnevnih – hljeba, mlijeka, ulja. Bez obzira koliko je neko imao novaca nije mogao kupiti više nego što je naređeno.

Nije dugo potrajalo a počeli su se stvarati redovi u mjesnim zajednicama za dobijanje propisane količine hljeba u skladu s brojem članova domaćinstva. Nešto kasnije uvedeno je i dijeljenje brojeva kako se ne bi bespotrebno pravile gužve i mještani izlagali granatama. Granatiranju su najčešće bili izloženi skupovi ljudi, oni koji su bili u redovima za hljeb, vodu,...

Muž i ja, a povremeno i naše kćerke, na smjene smo ustajali obično u 4 ili 4,30 ujutro kako bi dobili broj, što manji to bolje, jer je tako bila veća vjerovatnoća da ćeš doći do porcije hljeba. Znalo se da neki ljudi dobiju broj, ali kada na njih dođe red da preuzmu hljeb, hljeba već nestane.

E onda je došlo vrijeme kada nema redova, nema brojeva, nema propisanih količina hljeba, nema ništa!

Ako imaš sreće dobiješ nešto iz humanitarne ili ako imaš nešto ušteđevine preko švercera nabaviš brašna. Ukoliko imaš nešto drugo sem novca, nešto dovoljno vrijedno za razmjenu, npr. nakit, kožnu garnituru, mogao si nekako doći do najpotrebnijih namirnica. Naravno, nikada razmjena nije bila ni blizu realne vrijednosti razmijenjivane robe. Sjećam se da je baka kćerkine prijateljice Helene dala jednu kravu za tri vreće brašna (od po 25 kg) da bi njeni najbliži mogli prehraniti porodice!

Živjeli smo po nekim nepisanim pravilima ne razmišljajući koliko su ispravna, prihvatljiva, samo je bilo važno prehraniti porodicu i ostati živ.

Kako prehraniti porodicu s nešto malo hrane, gotovo bez ičega? Kako održavati čistoću kuće, djece, odjeće, a bez vode i struje? Hoće li muž doći s posla? Na svom radnom mjestu sam, a s mislima negdje drugo. Da li će škole mojih kćerki danas biti mete granata? Da li su kćerke na sigurnom? Da li će danas biti granata u našem naselju, a kćerke su same kod kuće? Ovo su samo neka od niza pitanja koja su sve nas, pa i mene, zaokupljala četiri godine počev od aprila 1992.

Kreneš na posao a granate padaju okolo... čekaš, osluškuješ da li će sljedeća bit ispaljena, a onda trčiš do najbliže zgrade da imaš neki zaklon. Nema više štikli, uskih suknji i haljina, uglavnom pantalone jer su praktičnije za trčanje. Gledaš što skuhati za ručak taj dan, kako djecu poslati u školu, jer su naša djeca redovno išla u školu pod granatama i učila bez struje, uz kandila.

Sva ona djeca iz komšiluka, ona koja nisu napustila svoj grad, bila su bliža nego ikad. Preko noći su postala zrelija. Zajedno su se skrivala po podrumima ili u skloništu kada padaju granate. Nisu se igrala ispred zgrade već su se sastajala po stanovima djece koja stanuju na nižim spratovima gdje je bilo sigurnije zbog granatiranja.

Bila su to djeca iz bošnjačkih, hrvatskih, i srpskih porodica, ali isto tako i djeca iz mješovitih brakova. Bila su tu djeca ljekara, službenika, inženjera, kuharica, penzionera, domaćica,... djeca bez etikete kojoj nacionalnosti, vjeri ili domaćinstvu pripadaju. To su bila samo DJECA!

Moje kćerke su se družile sa Editom iz mješovitog braka, Helenom iz porodice sa hrvatskim predznakom, sa Biljanom iz srpske porodice, sa Merimom iz bošnjačke porodice, sa Ivanom, Zlajom, sa Samrom,... Ta djeca su dijelila sve što su imala.

Ova djeca su pravila priredbe, izmišljala kojekave igre i radovala se kada saznaju da će nastava biti obustavljena zbog obavijesti iz pouzdanih izvora da će biti žešće granatiranje. Njihovo djetinjstvo je dobilo neku novu formu.

Strahovala sam, strašno sam se bojala, šta će biti s mojim kćerkama, kakve će osobe biti poslije ovoga, kakva ih budućnost očekuje i da li će je uopšte imati, a jedno sam znala. Znala sam da će rat ostaviti ožiljke u njihovim mladim dušama, za razliku od babinih sinova i kćeri, djece bogatih političara, onih na vrhu, onih koji su se obogatili na razne načine, a najviše na račun naroda. Ta djeca će imati drugačiju budućnost, bez ožiljaka, a samo zato što su ih njihovi očevi na vrijeme izmjestili u druge zemlje i sačuvali od ratnih zbivanja.

Ko zna, kada se rat završi, oni će vjerovatno doći na pozocije svojih očeva, glumiti velike rodoljube i nastaviti da žive u blagostanju kako su i naučili. Moja djeca i ostala djeca koja su ostala ovdje, koja su okusila sve "blagodeti" ovog rata, morat će se boriti u životu, itekako boriti kako bi mogli pristojno živjeti. Ova djeca neće imati novca da kupuju diplome, morat će da nastave sa borbom i kad rat stane, ali im bar njihovo znanje niko neće moći oteti...

Vjerovala sam da će ova djeca postati dobri ljudi, a to je i najvažnije!

RATNI IZUMI I SPECIJALITETI

Život u urbanom naselju, u gradu, podrazumijeva maksimalno korištenje svih blagodeti civilizacije, u tolikom obimu da se neupućenima može učiniti da je bez struje i vode život nemoguć. Na sreću, Bosanci su pokazali da su sposobni da od ostataka jedne stvore sasvim novu civilizaciju, manje prihvatljivu, ali ipak civilizaciju, našu, bosansku.

U ljeto 92' prvi put je nestalo struje na duži period, a akumulatori iz automobila su služili za rasvjetu, dok se ne isprazne. Za rasvjetu su se u početku koristile i parafinske svijeće, pa svijeće napravljene od već istopljenih svijeća, a onda ručno pravljena kandila.

Prvi put smo morali da izmišljamo nove načine za pripremanje hrane. Počelo je loženje na balkonima, najčešće u šerpama. S dolaskom hladnih dana, šerpe su izašle iz mode, a njihovo mjesto zauzele su male peći pravljene na najrazličitije načine, a neki ih još čuvaju, kao uspomenu. Kod gotovo svakog od nas rađala se ideja za nekim "izumom", kako od raspoloživog napraviti neophodan predmet s određenom namjenom, bez nekih posebnih ulaganja i dodatnih troškova. Trebalo je iskoristiti ono što imaš. Ništa se nije bacalo. Sve je imalo svoju vrijednost i moglo se iskoristiti.

Pravili smo sve i svašta, improvizovali ali vodili računa da posluži i da ima svoju funkciju. Od obične šerpe pravili smo roštilj - šerpu, peć od veće konzerve, u nedostatku obične parafinske svijeće izuzetno dobro je služilo kandilo. Ne znam od kud taj naziv, jer to nije bilo ono klasično kandilo koje se može naći u crkvi. Moglo se zvati svakako, nama nije bitno, a pravilo se od sasvim malo ulja, vode i pamućnog fitilja. Naravno trebala nam je i mala staklena tegla s poklopcem. Nedostatak ove naprave je što mnogo dimi, prlja zidove stana i sve oko sebe. Tek ujutro vidiš koliko ti je lice crno, a odjeća promijenila boju. Međutim to je bilo najmanje važno. Bilo je teško bez kandila!

Pravili smo i svijeće od potrošene svijeće, a najbolja stvar za osvjetljenje u nedostatku svijeće i svjetiljke na bateriju bili su komadi pleksiglasa izrezani na deblje štapiće, zapaljeni šibicom na jednom kraju. Bolje od svijeće jer ne kapa i ne prlja odjeću.

Mogao si da napraviš i sjeckalicu za krompir i orahe. Za to si morao imati na raspolganju plastičnu kutiju od potrošenog humanitarnog margarina i limenu konzervu u kojoj je nekad bio gulaš (bar tako su ga zvali, a najmanje je na to ličio) dobiven iz humanitarne pomoći.

Dakle, u ovim vremenima i ambalaža je imala svoju vrijednost. Sve bi se iskoristilo, uz duboku zahvalnost onima koji su nam dodijelili pomoć u hrani, bez obzira na davno istekle rokove za upotrebu naznačene na ambalaži, na koje se nismo ni obazirali. Važno je bilo da nisi gladan, a o posljedicama...
Za divno čudo u tom ratnom periodu nije ni bilo puno bolesnih. Mogao si biti samo mrtav ili živ. U teškim ratnim vremenima mi smo do perfekcije savladali umijeće preživljavanja - kako prehraniti porodicu gotovo bez ičega. U praksi je to izgledalo uglavnom

ovako: napravi pitu iz ničega, majonezu bez jaja, paštetu bez mesa i sl. Izgleda nemoguće, međutim uspijevalo je, pa nije bilo malo onih koji su pri degustaciji ovakvih ''specijaliteta'' rekli kako se oni puno ne razlikuju od onih pravih. Možda je zaista bilo tako, il' samo još jedna utjeha napaćenih, onih koji su bili primorani da preživljavaju na svoj način.

Recepte za ovakve pite, poslastice, sendviče i namaze, nećete pronaći ni u jednom kuharu, niti na web stranicama sa kulinarskim savjetima. Bila su to jela često napravljena od nepoznatih sastojaka, napravljena ni od čega, skuhana na peći ručne izrade koja se potpaljivala u početku drvima, a kasnije novinskim papirom, na kraju knjigama i drvenim namještajem.

A pravili smo razne "specijalitete" (za nas su to doista i bili): namaz od sira, šnicle od hljeba, kojekakve pite, domaću vegetu, eurokrem na bezbroj načina, pa ratne deserte – lizala, kuglice, bombice, ratne kolače, pa čak i ratno pivo... Za spravljenje ovih specijaliteta nisu bile potrebne posebne namirnice već samo ono što smo u to vrijeme imali na raspolaganju zahvaljujući humanitarnoj pomoći. Naravno, trebalo je i malo mašte pomiješati uz sve ovo. Nemate pojma što se sve može napraviti od mlijeka u prahu, najobičnijeg sira za pitu, riže, malo brašna, a ulja u minimalnim količinama. Crveni i bijeli luk su bili dodaci vrijedni pažnje, jer su jelu davali posebnu aromu i od starog, bajatog hljeba mogli učiniti mirišljavu šniclu...

Posebno mjesto u priči o našem preživljavanju zauzima konzerva **Ikar.** Njoj treba podići spomenik iako joj je sadržaj bio gadan za vidjeti, ali se jeo samo zbog toga što nije bilo drugog. Kasnije se pokazalo da je od svega što nam je međunarodna zajednica u svojoj velikodušnosti slala, upravo ova konzerva nama bila itekako vrijedna. Dolazio nam je keks iz korejskog rata, "lunch" paketi iz vijetnamskog rata (oni iz pustinjske oluje bili su suviše svježi da bi se ponudili nama), te lijekovi kojima je rok istekao ranih osamdesetih. Bosna je bila svjetsko smetljište hrane i lijekova, ali Ikar, Ikar je zaslužio spomenik. Od Ikara smo pravili burek, paštete, slane kiflice s "mesom" i ko zna što još.

Od riže koje je bilo najviše, pravila se sirnica, burek i krompiruša. Potkuhaju se jufke od brašna i vode sa malo soli, riža se dobro raskuha i ako hoćeš sirnicu, onda dodaš mlijeka u prahu i malo sirćeta, ako imaš ikar mesne konzerve, onda riži dodaš ikar, luka i bibera i to je burek, a ako nema ikara, sa lukom i biberom dodaš malo krompira i imaš krompirušu. Moram vam i ovo ispričati.

Sjećam se kao da je bilo jučer. Dobila sam tikvu od mamine komšinice i čuvala je za poseban ručak. Tikva je za nas u to vrijeme bila veliko bogatstvo. Od tikve su žene sa malo mašte i umijeća, uz dodatke gotovo ničega, mogle napraviti pravi specijalitet.

Eto ja sam odlučila da poseban, svečani ručak bude baš taj dan, kada je muž s posla donio paket humanitarne pomoći koji je dobio umjesto plate. Nije bilo nešto posebno u paketu, sasvim uobičajene namirnice koje su i ranije dobivali svi zaposlenici u njegovoj firmi: malo brašna, malo ulja, mlijeko u prahu,... ali i JEDNO JAJE koje mu je donio kolega s posla koji živi na selu a ima kokoške. Kokošija jaja su u to vrijeme bila izuzetno cijenjena jer ih nije bilo. Samo pojedinci na selu su imali tu privilegiju, a čuvali su ih za razmjenu. Za jedno jaje mogli su dobiti i 2kg brašna.

Pošto sam u ovom ratnom periodu usavršila kuhanje kojekakvih jela od gotovo ničega, uz dodatak svoje mašte, raspoređujući namirnice iz paketa, u glavi sam već osmislila što ću ovaj put da napravim za ručak.

Sa osmjehom na licu, radosna jer smo dobili humanitarnu pomoć i nećemo biti gladni bar par dana, a dodatno imam tikvu koja će mi poslužiti da ovaj ručak bude i svečani, uzviknula sam :

- Danas jedemo ŠNICLE!

Svi su se nasmijali i pomislili da buncam, a ja sam uzela da čistim tikvu. Kriomice, da ostali ukućani ne vide što radim, dok su oni sjedili u dnevnom boravku, ja sam pripremala "svečani ručak".

Prvo sam očišćenu tikvu izrendala, dodala ONO jaje, malo domaće vegete (koju sam ja napravila od mrkve i peršuna iz mamine bašte, uz dodatak kukuruznog brašna i malo soli), malo brašna i dvije glavice sitno isjeckanog crvenog luka. Sve sam dobro izmješala da dobijem kompaktnu masu, a onda sam supenom kašikom oblikovala šnicle i pržila ih na sasvim malo ulja. I ulje je bilo luksuz na početku rata, a kasnije još veći, jer ga nije bilo nikako pa smo jela pravili na vodi.

Sva je kuća zamirisala. Miris šnicli osjetio se i u našem stubištu, pa me gotovo bilo stid komšija da ne pomisle kako mi jedemo meso, a oni ga mjesecima nisu vidjeli a kamoli jeli.

Muž i naše dvije kćerke, Nina i Amra, sjeli su za trpezarijski sto a ja sam im se pridružila s punom zdjelom radosno uzvikujući:

- Šnicle!

Mirisale su božanstveno. Spuštajući zdjelu na sredinu stola uzbuđeno sam im rekla:

- Hajde, navalite!

Starija kćerka je prva probala i uzviknula:

- Stvarno miriše na meso! Odakle si ga nabavila?!

Muž je gledao zbunjeno, dok je mlađa kćerka halapljivo gutala šnicle, a zatim je i on, svjestan da nije o mesu riječ, u smijehu dodao:

- Jesu li od junećeg ili telećeg mesa?
- Dobre su, zar ne? Što kažete?

Pitala sam, presretna što sam uspjela da ih obradujem bar na ovaj način. Nisu morali ni da mi odgovore. Njihova lica sa osmijehom su mi dovoljno govorila.

- Dobre, dobre! - potvrdili su i nastavili s

pražnjenjem zdjele.

Smijali smo se ludo, svako sa svojim komadom *šnicle bez mesa* u ustima.

Sve je bilo isto, ukus, miris, boja, samo mesa nije bilo. Zahvaljujući ratnim specijalitetima svi smo imali dobru "liniju". U posljednjoj godini rata u prosjeku smo bili izgubili deset do petnaest kilograma težine. Nismo bili svjesni toga – odjeća nam je na to ukazivala.

Sjećam se jednog kolege koji nije radio u ovom periodu jer nije bilo poslova iz njegove oblasti pa je bio "na čekanju". Kada sam ga srela na ulici, nisam ga mogla prepoznati. Toliko je smršao da mu se potpuno izmijenio lik.

REDUKCIJE

Radovali smo se kada su uvedene redukcije vode i struje, jer je bilo mnogo lakše živjeti. Doduše nikada nismo imali struju i vodu istovremeno, ali smo ih imali.

Kada dođe struja, nema vode i obratno, ali smo se i tada snalazili. Čim dođe voda sipa se u kadu kako bi imali vodu za mašinu i WC. Vodu za piće sipali smo u flaše, kanistre i u svo veće posuđe.

Ugledati sa prozora radnika iz Elektro - distribucije, koji će da priključi struju sat-dva, bio je poseban doživljaj. Naravno, ovo samo kada smo struju dobijali preko dana. Najčešće smo je dobijali kasno uveče, nekada tek u 2 ujutro. Tada se svi dižemo iz kreveta i razletimo po kući. Prvo se uključi TV kako bi saznalili ima li puno ranjenih, stradalih, kakva je situacija u zemlji,... Bojler se uključivao samo ako se ne pere veš u mašini, jer je tada kada prazna, pa smo se mogli i okupati koristeći vodu iz bojlera. Inače smo se kupali poljevajući se vodom iz lonca zagrijanom na peći na drva. Kupanje u kadi s vodom iz bojlera bio poseban užitak, pravi praznik.

Dakle, kada dođe struja, a znalo se koliko će da traje: dva-tri sata, žurno se obavljaju svi oni poslovi vezani za struju: peće se hljeb koji se ranije zamjesio, uključuje se mašina za veš i dežura pored nje jer nema vode - voda se sipa iz kade i prati rad veš mašine. Mašina samo vrti bubanj, a sve ostalo je na nama. Doziramo vodu, doziramo deterđent, pratimo rad mašine čitavo vrijeme... Dok mašina radi, dok ponovo ne "zatraži" vodu, onaj kome je dodijeljen ovaj zadatak ima vremena da zijeva, ali se ne smije udaljiti od nje i ne daj Bože leći na kratko, jer će ga odvuči san i eto ti belaja!

Toliko smo se bili uhodali sa ovim aktivnostima, da sam po završetku rata i dalje znala stajati pored veš mašine dok ona radi, dok ne skontam da sam ja tu suvišna. Trebalo je vremena da naučimo ponovo živjeti kao nekada, da koristimo blagodeti nekadašnje civilizacije.

NISMO PRESTALI DA ŽIVIMO – IZ INATA!

U toku rata bili smo primorani da se snalazimo kako znamo i umijemo, ali *iz nekog inata* nismo prestali i da živimo. I tada smo vodili računa kako se oblačimo, kako izgledamo...

Sjećam se da sam farbala kosu običnim vešnim sapunom kako bih prekrila sijede, čim se pojavi izrastak, a zube smo prali soda - bikarbonom. I u to vrijeme vodila sam računa da mi kćerke budu u trendu. Mlađoj kćerki sam plela suknjice ''lambada'' (koje su tada bile veoma popularne), a starijoj šila šorceve i haljine, doduše od starih komada odjeće.

Kada je došlo vrijeme mature, starijoj kćerki sam sašila prelijepu matursku haljinu od satena nađenog na tavanu u kući moje svekrve.

Plela sam kćerkama razne džempere od vunice isparanih džempera. Dobro se sjećam posljednje godine rata kada je starija kćerka, Nina, trebala da ide u Poljsku sa Omladinskim horom u koji se uključila početkom 94'.

Da, i pjevalo se iz inata! Ona nije imala zimsku jaknu pa sam za jednu privatnu firmu šila promotivne zastavice kako bih skupila nešto novca za naše potrebe, ali i za njenu jaknu. Eto, moja umijeća od ranije, ipak su se isplatila. To što sam kao dijete naučila plesti, a šiti nakon što mi je brat Hajro kupio na kredit mašinu "Bagat – Slavicu", baš kad sam krenula na studij, sada mi je dobro došlo.

Nije bilo nimalo jednostavno, ali meni nije bilo teško da nakon dolaska s posla, kasno uveće, kada je Elekto-distribucija uključivala struju preko čitave noći (danju ne), sjedim za mašinom i šijem gotovo do jutra, a onda na posao. Što više zastavica to više novca, ali naravno i više truda. Za izradu jedne zastavice bilo mi je potrebno odraditi niz operacija, kako bi firma koja me angažovala, mogla uraditi sito tisak po narudžbi. Koliko mi je samo igala popucalo dok sam šila obrub oko ubačene tanke žice koju sam opet ja morala obezbjediti. Za takvu jednu zastavicu dobijem dvadeset feninga! Eto tako smo dolazili do novca koji nam je bio potreban za kupovinu osnovnih potrepština na pijaci. Mogli smo kupiti jedno jaje (da, više i nismo mogli kupiti jer je bolje bilo kupiti nešto šećera, malo povrća, a jaja su bila izuzetno skupa), malo sira za pitu, 10g pržene kafe (samo ponekad jer je ovo luksuz),... i naravno mojoj kćerki zimsku jaknu.

Slavili smo Bajrame, rođendane, kao da nije rat. Jedina razlika je bila u jelima – bilo je puno skromnije, nije bilo jela kao nekada, ali nikada nije nedostajao bajramski ručak. Slavili smo i rođendane uz ratne kolače,...

Uništili su nam kuće, ulice, gradove, ubili su toliko nevinih ljudi, djece, silovali toliko žena, djevojaka i djece, protjerali mase, ali nisu uspjeli da u nama ubiju volju da se odupremo. Ostao je *inat* koji nam je davao posebnu snagu da preživimo sve ovo.

Smijali smo se kada je bilo najteže. U ratu se rađao neki poseban humor. Možda smo drugima sa strane izgledali čudno, a mi smo se sebi činili sasvim normalnim.

I ovome smo se smijali, a bilo je više žalosno nego smiješno. Evo što nam je ispričao Nikola, kolega s posla. Živio je u stanu zajedno sa sestrom koja baš i nije bila dobre pameti, ali je kuhala za njih dvoje. Obradovao se kada je vidio da sestra pravi krompirušu u kasne sate (naravno, kada je došla struja).

Upravo kada je ujutro krenuo na posao i htio da uzme da jede, a ono - tepsija prazna! Sav stan miriše na ispečenu pitu, a od nje ni traga! Sestra mu je rekla da je ispekla pitu i sama je pojela ne želeći da ga budi, pošto ide rano na posao, pa ga pustila da se naspava?!

PAPRIKE I PARADAJZ U SAKSIJAMA

Kada je riječ o hrani, prva godina rata je bila koliko toliko podnošljiva, jer je još uvijek bilo zaliha. Te godine, 92', posebno su dobro bile rodile šljive, pa smo na vrijeme napravili pekmez od šljiva, ali i od drugog voća. Obezbijedili smo se s brašnom, šećerom i uljem, pravili smo med od maslačka koji nam je kasnije dobro došao za čaj kada je nestalo šećera, ali kako je vrijeme prolazilo, sve je bilo teže i teže.

Ponestaje šećera, ulja, mlijeka … željno očekujemo humanitarnu pomoć koja je bila minimalna, a koju smo muž i ja dobijali na poslu umjesto plate.

Sjećam se jednom je dobio vreću pšenice od 25kg koju smo podijelili na tri dijela: u kuću njegovo majke, u kuću moje majke, i nama. Dali smo da se samelje pa nešto prosijali i tako koristili, a drugi dio – mekinje, konzumirali kada je nestalo brašna zbog čega smo svi u kući dobili proliv.

Na poslu u kancelariji, ali i kod kuće, umjesto

u saksijama smo uzgajali paprike i paradajz.. I onda strepili nad tim. Radovali se svakom novom listu, a posebno kad se pojave prvi mali plodovi, koje smo kasnije brali i konzumirali!

Za doručak na poslu smo obično dobijali po dvije šnite bajatog hljeba s komadom tamne marmelade. Hljeb bi prepekla na rešou kako bi ga mogla jesti sa čajem (naravno bez šećera), a marmeladu bi ponijela kući svojoj djeci, da ih obradujem. To im je bio specijalitet, a meni draži doručak od one supe od riže koju sam prestala konzumirati od momenta kada su mi rekli da je sekretarica direktora u njegovom tanjuru našla žohara.

S obzirom da hrane nije bilo izuzev one iz humanitarne pomoći, morali smo se snalaziti na druge načine. I oni koji nikada nisu obrađivali zemlju počeli su uzgajati ono najneophodnije povrće. Oni koji nisu imali sreću da ga siju u svojim baštama ili kod roditelja, sijali su u parcelama po parkovima ispred zgrada, samo ukoliko su imali sreću da im parcela bude dodijeljena.

Svi parkovi oko zgrada najednom su postali bašte s parcelama u kojima su građani uzgajali razno povrće. I za divno čudo, iako bez đubriva, ono je dobro rađalo!

Znam slučaj jedne sugrađanke koja je radila u Željezari i tražila zamjenu za smjenu kako bi se izborila za parcelu u blizini naše zgrade. Baš tada, kada su dijelili parcele, na tom mjestu, iznenada je pala granata. Žena je na mjestu poginula, a njen sin koji je prisustvovao tom događaju, bio je ranjen i završio u invalidskim kolicima.

Muž i ja smo u to vrijeme bili na poslu, a kćerke kod kuće. Mlađa kćerka je htjela da prisustvuje ovoj podjeli parcela, kao i svako dijete, iz čiste radoznalosti, ali je spasilo to što joj je sestra rekla da mora prvo završiti svoje obaveze u kući.

To su nam ispričala kćerke kada smo se muž i ja vratili s posla. Bilo je to strašno za sve nas. Danima nismo mogli potisnuti tu sliku pred očima, a svaki naš naredni odlazak na posao bio je popračen još većim strahom za našom djecom. Žurno smo se vraćali s posla i jedva čekali da budemo svi na broju, pa makar i gladni...

KONAČNO PAKET!

U ratnom periodu bilo je teško pušačima, a tada su gotovo svi pušili. Cigarete su u početku kupovane na komad, a kada ih nije bilo pušio se čaj koji si imao, savijao ga u novinski ili bilo koji drugi papir, samo da je tanak. Ljudi su pušili sve i svašta.

Radovali smo se povratku s ratne linije naših najbližih, mog brata i djevera. Tada se svi okupimo, a oni nam prenose svoje doživljaje, njihovo viđenje situacije i moguće ishode.

E ovo je bio poseban ritual - jedna cigara ide u krug, od jednog do drugog, od moje svekrve, djevera, mog muža,... baš kao što to rade Indijanci… dok se ne popuši. Kafa se pila s posebnim guštom, dok je bilo, a i kasnije, kada to više nije bila ona prava kafa. U početku se toz (talog) kafe nije bacao već sušio na papiru, pa se ponovo koristio za kuhanje, ovaj put blaže kafe. Nije dugo potrajalo, a kafa je postala pravi luksuz.

Nije bilo kafe, a onda ni toza. Kafa se prodavala na grame i miješala s prženim ječmom. Ubaci se tek pokoje zrno, samo da se osjeti njena aroma, melje ručnim mlinom i pije bez šećera.

I pored ratnih zbivanja, oni koji su tu ostali, vremenom su se navikli da žive u takvim okolnostima, da preživljavaju. Bilo je sasvim normalno da nema dovoljno vode, struje, naravno ni one najneophodnije hrane, o slatkišima se moglo samo maštati. Sretni su bili oni koji su imali nekog bliskog izvan zemlje da im pošalje paket, ako i dođe do njih. Rat je i očekivano puno onih koji su gledali svoju korist, krali tuđe pakete i sve ono do čega su mogli doći.

Jednom prilikom, u vrijeme kada su neki u našoj blizini dobijali pakete a mi nismo, u šali sam znala reći, kada se rat završi, da ću ja svojoj djeci poslati jedan paket na našu adresu. Silno sam željela da ih obradujem. Bili si jako tužni kada neko iz komšilika dobije paket, a mi nikada, baš nikada.

I jednog dana desilo se čudo. Mi dobili paket! Bilo je to negdje pri kraju rata. Paket nam je poslao moj polubrat Rahmo iz Slovenije. Dobili smo ga sasvim slučajno, jer je i ovaj naš bio na meti lopova.

Jednog dana, ranom zorom, iznenada je zazvonio telefon. Nazvala je neka nepoznata žena i objasnila mi o čemu se radi. Kada je išla po svoj paket, na ko zna koju adresu izvan centra grada, na jednom od paketa vidjela je adresu sa brojem telefona. Pošto je znala što se najčešće dešava s paketima, da se navodno "zagube", u želji da primalac ovog paketa ne bude zakinut, okrenula je taj telefonski broj, naš broj. Rekla mi gdje da odem, a ja sam bila izgubljena od sreće. Nisam prestala da joj se zahvaljujem...

Moj muž i ja smo se spremili što smo brže mogli i otišli na tu adresu. Neopisiva radost je zavladala u kući kada smo se pred kćerkama pojavili s izgužvanim, ali za divno čudo, neotvorenim paketom! Bilo je svega unutra, kafe, šećera, čak i tegla Nutelle… U paketu smo među stvarima našli i pismo. Čitala sam ga i plakala, pa opet čitala,… Bilo je to nešto najvrednije što je ušlo u naš dom. Baš kada smo izgubili svaku nadu da bi nas se neko mogao sjetiti, da bi nam mogao poslati bar jedan mali paketić, sasvim slučajno, mi dobijamo paket.

Iz pisma smo saznali da je bio upućen na našu adresu dva mjeseca ranije …

RATU JE DOŠAO KRAJ!

A onda je konačno došao i kraj rata. Ma koliko mi je bilo tada teško, sada sa osmijehom u duši, sjetim se kako smo prkosili granatiranju, izgladnjivanju, ubijanju, ... i svim zlim politikama koje su prezirale civilizaciju. Da, i onima koji su smatrali da je na ovim prostorima suživot Bošnjaka, Hrvata, Srba i ostalih, nemoguć. Opstali smo i pored silne želje neprijatelja ovog naroda da nas ponizi i uništi na očigled čitavog svijeta.

I onda smo krenuli da živimo iz početka, bolje reći da pokušamo da živimo kao nekad. Došlo je vrijeme da ispunim ono obećanje koje sam sebi davno dala – da svojim kćerkama, Nini i Amri, pružim najbolje što mogu, sada ne samo ono što ja nisam imala u djetinjstvu i nešto kasnije, već i da im nadoknadim sve ono izgubljeno u ratu...

Mogu reći da sam uspjela održati obećanje, naravno, ako se izuzmu one četiri godine rata. Bilo je teško, ali nakon užasa kojeg smo preživjeli, nakon što su utihnule sirene, prestalo granatiranje i policijski sati, život se malo pomalo stabilizovao i osmijeh se polako vraćao na lica svih nas. Počeli smo da planiramo blisku budućnost, a sve ostalo je dolazilo samo po sebi.

Divno je bilo vidjeti prve automobile na ulicama nakon što su ih u ratu zamijenili zaprega i kolica domaće izrade bez kojih nije mogla biti niti jedna porodica. Služila su za prevoz vode, drva, humanitarne pomoći,...

Teško smo se privikli na život bez redukcija vode i struje. U početku je to bilo u malim kontrolisanim količinama, ali i to je bilo bolje od onog što smo do tada imali.

Kad je u pitanju struja, sjećam se da sam pravila tabelu u koju sam unosila dnevnu potrošnju struje u KW satima očitanu sa našeg el. brojila u stubištu. Sedmično smo mogli da potrošimo samo određenu količinu struje. U protivnom plaćaš zatezne kamate i naravno slijedi isključenje. Na svu sreću i to je prošlo...

Kćerke su završile srednju školu, bile na maturskoj zabavi, a onda im je slijedio fakultet, zapošljavanje, ... pa osnivanje porodice. Starija, Nina, udala se u 26 godini, a mlađa, Amra, u 24. Imale su predivna vjenčanja, baš onakva kakva su one željele a mi, moj suprug i ja, pružili smo im sve to i još puno toga, radujući se zajedno s njima, ali s nekom posebnom tugom u duši jer nas napuštaju i osnivaju svoje porodice.

Ali to i jeste normalan slijed, zar ne?

Uzvratile su nam na najljepši način – dobili smo od svake po dvoje unučadi koja su naše pravo, istinsko bogatstvo. Nerina i Tarik su naša unučad - "dar" starije kćerke Nine, a naša mlađa kćerka Amra upotpunila nam je sreću, "darujući nam" drugo dvoje unučadi: Iman i Džemaludina.

Džemaludin je naše najmlađe unuče i mezimac svih nas.

Više od sudbine...

O SUDBINI

Sudbina mu dođe kao neki oblak koji stalno lebdi nad našim životom. Ona utiče na događaje u našem životu, na odluke koje donosimo... Svi glavni događaji u životu kao što su rođenje, neizlječive bolesti, nesreće za koje nismo mi odgovorni i smrt, sudbinski su predodređene i mi ne možemo na njih uticati.

Dakle, sudbinu čine događaji u životu koji nisu pod našom kontrolom, ali slobodna volja je nešto čime možemo da utičemo na naš život i ukoliko smo dovoljno jaki i uporni, možemo bar djelomično mijenjati već unaprijed zacrtanu sudbinu.

Sudbina može da se posmatra kao svrha postojanja na ovom svijetu. Ako se rađamo sa tačno određenom svrhom u životu, onda se to može smatrati sudbinom. A da li ćemo ostvariti svoju svrhu (sudbinu), to zavisi od nas samih.

Dakle, sudbina je nešto što je predodređeno, ali ne mora obavezno da se dogodi. Svrhu života možemo da tumačimo kao osnovni cilj koji treba da postignemo u životu. Kada znamo svrhu, onda znamo za šta smo predodređeni, i čemu treba da težimo. Ako to ne znamo i idemo nasumice kroz život, teško da ćemo išta postići. Kada pred sobom imamo neke ciljeve, a koji nisu usklađeni s našom svrhom, onda će nam biti jako teško da ih ostvarimo. Sasvim je drugačije ako smo shvatili našu svrhu, onda je sve lakše i jednostavnije. Svrha je putokaz koji nas vodi kroz život.

Postoje dva različita tumačenja tog pojma, koji čak imaju i različit naziv u engleskom jeziku. Riječ "fate" označava da nam je svaki događaj unaprijed određen i koliko god se mi koprcali i branili, zadesiće nas ono što nam je "zapisano". Dakle, ne možemo uticati svojom voljom na predodređene događaje.

Za razliku od toga, riječ "destiny", iako u prevodu ima isto značenje kao i "fate", u biti znači drugačije. U ovom slučaju, sudbina se odnosi na neki konačni događaj, bez preciziranja redoslijeda događanja koji su se desili u međuvremenu. Na ove događaje možemo uticati svojom voljom i na neki način korigovati svoju sudbinu. Koliko ćemo uspjeti u tome zavisi isključivo od nas, koliko smo jaki, uporni, koliko spremni da u inat svemu i svima usmjerimo svoju sudbinu u željenom pravcu. To je ono kada kažemo da je nekom bilo suđeno da postane veliki glumac, dobar pisac ili bogataš. Treba znati da svrha ljudskog života ne mora da bude toliko značajna da promijeni svijet. Svrha života može da bude nešto sasvim obično, a opet sjajno.

Zar nije sjajna svrha života da budete najbolja majka svom djetetu i izvedete ga na pravi put?

Zar nije sjajno kada ispunite davno dato obećanje i pružite svom djetetu život daleko bolji nego što ste vi imali?

Sjajno je, čak i više od tog, kad savladate sve prepreke na svom putu i pobijedite bolest, a sudbina s vama imala druge planove...

Zar nije sjajno kada tražiš nešto, pa još nešto, a ne dobiješ baš to što si tražio već puno, puno više od tog?

Sudbina je stvar izbora ...

Svi mi na svojoj životnoj stazi nailazimo na bezbroj prepreka, manjih ili većih. Na tom putu svakom od nas pružaju se dvije mogućnosti:
da ne učinimo ništa prepuštajući sudbini da njena bude zadnja, ili
da budemo dovoljno jaki, uporni i pokušamo savladati prepreke i nastavimo dalje.

Do nas je !

ONO KAD SI POPUT MAČKE

Poznata je stvar da ti Bog daruje život, a ti ga živiš ovako i onako, po utvrđenim pravilima ili drugačije. Možeš da ga izgubiš sad pa sad, a u nekim slučajevima On ti pomogne da i pored svih očekivanja ti i dalje živiš, a po svim zakonima prirode, zbog strašne bolesti, teške povrede ili nekog drugog razloga, trebao ti je život biti okončan. Sudbina ti može biti ovakva i onakva, ali kako god, i do tebe je! Možeš uticati na nju i pkušati je usmjeriti u drugom pravcu, drugačijem od onog koji ti je ona planirala...

Eto, ja sam imala sreću da mi život bude darovan više puta. Kažu da mačke imaju devet života... Ko zna, možda sam ja u nekom ranijem životu bila mačka?!

Vjerojatno ste čuli da ljudi u razgovoru za neke kažu: "*Ti si poput mačke, imaš devet života!*" Zašto se za mačke kaže da imaju devet života? Vjerujemo da je to povezano s time što one mogu skočiti s velikih visina i ostati žive. Iz kojeg razloga se kaže baš devet života?

Da bismo dobili odgovor na ovo, treba otići daleko u prošlost, tačnije u doba starog Egipta. Ondje su mačke obožavali baš poput božanstava, smatralo se da imaju tajne i natprirodne moći i naravno više od samo jednog života. Postoji i vjerovanje da je brojka devet ušla u ovu mačju poslovicu iz stare Kine u kojoj je upravo ova brojka vijekovima smatrana sretnom brojkom, a u nekim svjetskim religijama broju devet se pripisuju magične i mistične moći. Međutim, nije baš u svim kulturama prisutan mit, a s njim i poslovica da mačke imaju devet života. Tako na primjer, u nekim državama u kojima se priča španjolski jezik, dakle najviše u Latinskoj Americi, kaže se da mačke imaju sedam života, dok neke turske i arapske legende kažu da mačke imaju – šest života.

Kako god, mačke imaju više života, ako ni zbog čeg drugog onda zbog zavidne gipkosti i dobre ravnoteže zbog koje se uvijek mogu dočekati na noge pa makar padale i sa 15. sprata!

Ja nisam padala kao mačka sa visokih spratova, ali sam bila u situacijama da se oprostim od života, a nisam! Dočekala bih se uz Božju pomoć na noge i išla dalje...

Već na samom startu, dok sam tek bila začeta, moj život je bio upitan. I pored čajeva od kojekakvih trava koje je moja majka pila, nošenja teškog tereta i ko zna šta još, a sve u namjeri da me pobaci jer je to tražio njen muž, a moj otac, na veliko iznenađenje svih, ja se nekako rodih. Bog mi je bukvalno poklonio život, a moglo se desiti i drugačije. Poznato je da trudnice ako hoće da rode zdravu i živu bebu moraju voditi računa što u trudnoći konzumiraju, što smiju da rade a što ne. Da piju kojekakve čajeve od nepoznatih i otrovnih trava to nikako, da ne koriste bilo kakve lijekove koji bi mogli oštetiti plod, da ne nose težak teret, da se ne protežu, da odmaraju što više i da se čuvaju od mnogo čega još. E moja mama se nije pridržavala ničeg od navedenog a ja se ipak rodila! Zar to nije čudo?!

Dakle, Bog nije dozvolio da mi oduzmu život mada su najozbiljnije radili na tom, a sve ono što je slijedilo bila je *sudbina.* Na meni je bilo da je prihvatim onakvu kakva jest ili da pokušam uticati na nju birajući neki drugačiji put, manje ili više težak, ali u uvjerenju da je za mene bolji.

Bilo je toliko "oluja" u mom životu koje su me bukvalno obarale na tlo, gurale u provaliju, a ja se što čudom, što nekom svojom izuzetnom voljom i inatom dizala i išla dalje.

Ponekad pomislim da se sav svemir urotio u pomaganju meni da živim život i radujem se svakom novom danu.

Priče koje slijede govore o samo nekim mojim "olujama", a bilo ih je puno, puno više. Nisam slučajno baš njih navela u ovim pričama, ne zato što su bile najgore, već zato što ih nisam i ne mogu zaboraviti. Ne mogu i neću da zaboravim osobe koje su mi na svoj način iznova darovale život, ili su bile uz mene kada je sudbina imala druge planove sa mnom !

SKOČNI ZGLOB I ŽICA

Bilo je to obično jesenje jutro. Ustala sam iz kreveta da se spremam na posao i najednom kada sam desnom nogom dohvatila pod, osjetila sam jaku bol u nozi. Pogledam i vidim otok u predjelu skočnog zgloba. Probam šepajući ići do kupatila, a bol pri svakom koraku sve jača i jača.... Jedva sam otišla na posao. Sva sreća da smo par mjeseci ranije kupili "fiću" pa nisam morala na posao pješke. Odvezao me je moj muž Nusret.

Čitav taj dan i dan poslije jedva sam izdržala na poslu, plakala, trpila bol, pa opet plakala, da bi mi šefica na kraju rekla da odem do ljekara i tražim bolovanje jer je i ona bila svjesna koliko se patim. Ambulanta je bila blizu moje kancelarije i ja sam je poslušala te se javila ljekaru. Kada sam šepajući ušla u ljekarsku ordinaciju pokušala sam ljekaru objasniti razlog moje posjete. Glave pognute prema mom zdravstvenom kartonu on me slušao što mu govorim (a možda i nije) i kada sam mu zatražila bolovanje iz opravdanih razloga, mislim da je tek na riječ "bolovanje" naglo digao glavu i smrknutog pogleda okrenuo se prema meni, i vrisnuo:

- Takvi meni u Željezari žicu razvlače!

Valjda je htio da mi da do znanja da mi neće otvoriti bolovanje jer po njegovom mišljenju, ja foliram... S obzirom da je ordinirao i u ambulanti Željezare gdje je bilo mnogo pacijenata koji su se izvlačili i tražili bolovanje i kad treba i kad ne, mislio je valjda da sam i ja jedna od takvih. Šokirana njegovim riječima, postupkom prema pacijentu još više, najednom sam zaboravila na bol. U meni se javio neki revolt i usudila sam se da tražim uputnicu za doktora specijalistu koji će provjeriti moje stanje i utvrditi o čemu se radi.

Za divno čudo nije se bunio. Sasvim mirno je rekao:

- Nema problema. Evo dat ću ti, pa baš da vidim što će on reći.

Izišla sam iz njegove ordinacije i ubrzo nakon toga institutskim kombijem ovezli su me u Stacionar (Željezarski dispanzer gdje smo i mi, zaposlenici Instituta, obavljali medicinske pretrage i koristili usluge ljekara specijalista). Obratila sam se internisti kako je bilo i navedeno u uputnici. Sjećam se, bio je to dr. Radičev koji mi je pogledao zglob na nozi i napisao nalaz uz preporuku:

- Strogo mirovanje! - što je i podvukao crvenom

hemijskom olovkom. Popričao je sa mnom, rekao što trebam činiti i kada da se javim na kontrolu. Doživjela sam totalno drugačiji odnos pacijent – ljekar, baš kakav i treba da bude.

Vrativši se iz Stacionara s nalazom specijaliste, ponovo sam se javila dr. Pižurici (tako se zvao, dobro sam zapamtila). Predala sam mu u ruke nalaz, a on ga je drsko pruzeo i kako ga je čitao izraz lica mu se postepeno mijenjao – od onog tvrdog, neljubaznog, do ljubazno mehkog. Sada je to bio sasvim drugi čovjek u odnosu na onog kada sam mu se prvi put obratila. Podigao je pogled prema meni i obratio mi se nekako stidljivo, nesigurno, kao neko dijete kada pogriješi, pokušavajući da mi se izvine za raniji postupak prema meni:

- Baš mi je žao, nisam mislio da je tako ozbiljno. Evo, morate (sad me i persirao) mirovati. Otvorit ću Vam bolovanje pa ćete mi se javiti za deset dana da vidimo što moramo dalje činiti.

Uzela sam svoju knjižicu i papire, izišla iz ordinacije šepajući, a da nisam rekla ni ono "doviđenja".

U periodu od oktobra do maja naredne godine, non stop sam bila kod ljekara tražeći pomoć, jer su mi nakon što bi mi spao otok sa skočnog zgloba i prestala bol na tom mjestu, oticali naizmjenično zglobovi na rukama i nogama, uz užasne, nepodnošljive bolove. Noćima nisam spavala. Primala sam različite terapije – aspirine, injekcije voltaren, pencilin također, pa onda kad se sanira otok, svaki 21 dan zaštitnu injekciju "ekstencilin" Stavljala kojekave obloge u pokušaju da mi bude bolje, da bolovi i otoci prestanu, ali ništa. Malo radila, pa na bolovanje...a imala svoju kćerku Ninu od nepune godine dana starosti. Koliko sam plakala zbog užasnih bolova,toliko i zbog toga što sam svoju kćerku jedva mogla presvlačiti,... S mukom sam je i hranila. Nisam mogla čestito escajg koristiti, a nož sam komotno mogla izbaciti iz upotrebe. Nisam mogla šnitu kruha isječi.

Pomagala mi je mama dok Nusret ne dođe s posla... Sjećam se kako mi je bilo teško gledati kroz prozor automobila vozeći se na posao, kako moje radne koleginice

žurnim koracima idu na posao, još u štiklama, a ja jedva klecajući u cipelama s ravnim džonom došepam do automobila i s mukom se namjestim na sjedište. Koliko puta sam se pitala hoću li ja ikada moći ovako žurno koračati, bez bolova, pa makar i u cipelama s ravnim džonom! Nakon silnih kontrola, ispitivanja i različitih terapija, od kojih i nije bilo nekog efekta, misleći da se radi o upali zglobova, a nisu bili sigurni, Konzilij ljekara na čelu sa dr. Hodžić Omerom, odlučio je da me pošalje u Beograd na Reumatološki institut. Tamo su mi trebali utvrditi pravu dijagnozu i preporučiti adekvatnu terapiju. I tako ja u maju 1980. dođoh u Beograd, upravo u vrijeme sahrane našeg Predsjednika Tita. Zahvaljujući jednoj pacijentici iz

Beograda koja je ležala sa mnom u sobi, mogli smo ceremoniju sahrane pratiti preko TV-a kojeg su joj donijeli roditelji. Plakala sam za našim Titom, plakala za svojom kćerkicom, plakala zbog boli ma plakala sve u jednom.

Bila sam opet sama. Muž s našom kćerkom od godinu i po starosti kod kuće, a trebalo je da nakon njegovog odsustva u vojsci od 12 mjeseci konačno budemo zajedno, da uživamo u odrastanju naše kćerke, da joj njena mama tepa, čita slikovnice, priča priče, da idemo u šetnju, da...

I nakon sedam dana provedenih na ovom Institutu uz sve moguće pretrage uključujući i rtg snimanje svih mogućih zglobova i kostiju, ja od prof.dr.Lukačevića dobih dijagnozu – početak *Reumatoidnog artritisa!*

Nije bilo nimalo jednostavno trpiti bolove od upaljenih zglobova, koristiti razne terapije koje i ne daju baš nekog efekta, biti često na bolovanju zbog nemogućnosti oslanjanja na noge, kretanja, što te tjera na mirovanje, a želiš da budeš kao što si prije - da obavljaš sve ono što se od tebe kao majke, kao žene, ali i uposlenika očekuje!

I desi se čudo da godinama nemam tegoba ove vrste, bar ne velike kao ranije. Zatrudnila sam i u toku trudnoće, ali i kasnije, kada sam rodila svoju Amru, tegobe su nestale. Zaista je to bilo čudo! Mogla sam hodati kao nekad, mogla se čak i rukovati, jer me nisu boljeli prsti ruku, mogla sam kuhati, prati, peglati, mogla sam da obavljam sve poslove kod kuće ali i na radnom mjestu....

Uz kojekakve terapije, razne obloge, ali i uz maksimalno angažovanje prstiju ruku koji su već ranije počeli da se deformišu, ja eto i nakon toliko godina od kada mi je konstatovana ova dijagnoza, još uvijek hvala

Bogu, ne trebam tuđu pomoć.

Pred samu penziju, počeli su se prsti na šakama obje ruke vidno deformisati a ja sam poučena iskustvom drugih pacijenata sa istom dijagnozom, sama pronalazila lijek – koristila i koristim ruke maksimalno...

Bolest je i sada prisutna, ide svojim tokom, ali ja

je nekako usporavam. Pokušavam da radim mnogo stvari sama. Ne mogu da prihvatim da neko drugi radi za mene, da ja zavisim od drugih ... Radujem se svakom novom danu i pokušavam da radim stvari koje me čine srećnom.

Možda u inat svima i svemu, i uz pomoć više sile, ja nastavljam da koračam i savladavam prepreke koje mi život servira, i idem dalje. Čini mi se da svaki put nakon što svaku od njih savladam, ja dobijem neku dodatnu snagu, postanem jača živeći u uvjerenju da je to bila posljednja.

ŽIVOT NA DAR

Sve je počelo onda kada sam glavu slučajno naslonila na prozorsko staklo našeg automobila "fiće". Osjetila sam sasvim malu, neznatnu bol u jednoj tački tog dijela glave. Bilo je to u avgustu 1985. u povratku kući s ljetovanja sa svojom porodicom. Nisam tome pridavala neku važnost, ali vremenom ta bolna tačka se pretvori u izraslinu veličine lješnjaka. Samo nekoliko mjeseci kasnije ona je dostigla veličinu većeg oraha! Na insistiranje nekih bliskih koleginica s posla, dok je oteklina bila manja, obratila sam se ljekaru, a po dobijanju rtg snimaka glave, sasvim slučajno sam završila u bolnici kod neurohirurga, dr. Blajić Ivana.

On uzima snimke, stavlja ih na osvjetljeno staklo i ... nije mi trebao ništa ni govoriti. I sama sam mogla sasvim jasno vidjeti promjene na kosti lobanje, a on mi je samo dodao da se radi o nekom tumoroznom tkivu. Nastala je neka čudna tišina koju su ubrzo razbile doktorove riječi. Valjda me htio utješiti, govoreći da će mi dati nekakve antibiotike da ih koristim nekoliko dana pa će vidjeti što dalje. Razmišljam i sama sebe ubjeđujem ohrabrena doktorovim prijedlogom da to nije ništa strašno. Pomislila sam da ljekari za svaku promjenu na koži i tijelu tvrde da je tumor, što ne mora da bude i opasno. Jednostavno sam sebe uvjeravala da je to neka obična infekcija koja će nestati nakon upotrebe ovih antibiotika.

Nakon nekog vremena, pošto sam ispoštovala doktorove upute i popila antibiotike, uz ponovni snimak glave iz više pozicija, odlazim u bolnicu na kontrolu. Uvidom u nove rtg snimke doktor je konstatovao da se ipak radi o tumoroznom tkivu koje se mora što prije odstraniti, jer su snimci jasno ukazivali da je tumor promjera "petobanke" već "pojeo" pola kosti lobanje posmatrajući po presjeku, a biopsija ne dolazi u obzir. Na nalazu je napisao da je u pitanju *Eozinofilni granulom.* Pojma nisam imala što je to, a u to vrijeme nije bilo interneta jer bih sad pa sad to pretražila na Google–u. Sada vidim da je to bilo i dobro, jer ko zna koliko bih se prepala. Moram priznati da ovo nisam očekivala, ali izuzev neke nelagode, kod mene još uvijek nije bio prisutan onaj pravi strah i veća zabrinutost. Daleko više su bili zabrinuti moji najbliži, te ja, više zbog njih, u novembru 1985. odem u Klinički centar u Ljubljanu kako bi mi oni potvrdili o kojoj je dijagnozi riječ. Rodbina me u suzama ispratila, a ja njih tješila čudeći se čemu suze.

U to vrijeme Klinički centar u Ljubljani je bio najjači medicinski centar na prostorima bivše Jugoslavije, gdje se liječio i Predsjednik Tito. Od običnog naroda ovdje su na liječenje dolazili samo oni "otpisani", oni s teškim dijagnozama. Nije čudo što je moja porodica izuzetno ozbiljno shvatala moj odlazak u Ljubljanu, a ja ne. Ja i dalje gotovo sigurna da se radi o nečem sasvim banalnom. Plače moja mama, plače sestra, muž zabrinut,...

Dolazimo na Kliniku oko jedanaest sati prije podne, primit će me dr. Dolenc, jedan od najboljih neurohirurga u Evropi, ali tek oko šest sati uvečer.

Mom mužu i meni nije teško palo ovoliko čekanje, jer smo bili sretni što će me izuzetno priznat ljekar uopće primiti bez uputnice, bez najave ili preko neke veze. Jedini papir koji sam imala kod sebe bila je Izjava koju sam svojeručno potpisala, kako ću ja snositi troškove ovog pregleda, a ne naš Zavod za zdravstveno osiguranje. Tako su me uputili u našoj ambulanti.

Kad je konačno na mene došao red, dr. Dolenc je nakon uvida u rtg snimke moje glave i pregleda izrasline na glavi, rekao da to nije ništa strašno (nisam mu pokazala nalaz dr. Blajića), a ako meni to smeta iz estetskih razloga, može se odstraniti bez problema običnim hirurškim zahvatom. Na moje pitanje:

- O čemu se radi doktore? Što je to?

Odgovorio mi je:

- Ako Vas interesuje priroda toga, trebate uraditi biopsiju, a to je jednostavan zahvat koji se može obaviti i kod Vas u Zenici.

Prepustio je meni da ja o tome odlučim. Naravno, nije mi padalo na pamet da se izlažem hirurškom zahvatu na glavi samo zbog estetskih razloga, pogotovo što je ta izraslina skrivena ispod kose pa se i ne vidi!

I eto, tako ja se vratim sa radosnom viješću za moju rodbinu i poklonima za moje kćerke, i opet pauziram, ne čineći ništa. Cijelo to vrijeme dr. Blajić je insistirao preko drugih da dođem u bolnicu kako bi što prije obavio operativni zahvat, a ja opet ignorišem, tim prije što dobijam i CT nalaz glave koji pokazuje da je sve ok. Ja ponovo mirna, drugi oko mene mirni, ali dr. Blajić jok! Na njegovo silno insistiranje, ja ipak odem u bolnicu, a on mi čak i crta na papiru uz detaljno objašnjenje što će mi raditi i kako će riješiti moj problem. I dalje ne shvatam ozbiljnost situacije, tim prije što imam "papir" jednog od najboljih neurohirurga u Evropi. Mislim, ne može ovaj naš ljekar iz Zenice bolje znati od njega. Naravno, nisam dr. Blajiću pominjala moj odlazak u Ljubljanu, da ga ne bih uvrijedila. Nisam htjela da shvati kako nemam povjerenja u njegovo mišljenje.

Međutim, u kontaktu sa ljekarom na Radiologiji u Sarajevu, gdje su mi radili CT glave, ja dođem do saznanja da nije isključeno da ćelije tumoroznog tkiva prodru i u mozak, što bi bilo fatalno po mene. Tek tada sam konačno ozbiljno shvatila insistiranje dr. Blajića.

Po povratku u Zenicu odmah sam ga kontaktirala, na njegov zahtjev ponovo radila sve neophodne pretrage krvi, uradila rtg snimak glave iz svih pozicija i konačno završila u bolničkom krevetu. Mislim da je doktor tad konačno odahnuo i bio sretan što će odraditi ono što je naumio.

Ovaj put rtg snimci su pokazali da je tumor već "pojeo" čitavu kost lobanje po presjeku na mjestu gdje je i lociran! Bio je to još jedan dokaz koliko je dr. Blajić bio u pravu a ja mu nisam vjerovala!!! Odluku sam donijela u zadnjem trenutku.

Odjel Neurohirurgije koji se nalazio u podrumu naše bolnice, u svom sastavu imao je samo dvije sobe: jednu mušku i jednu žensku. U svakoj od njih bila su samo po dva kreveta. Jedna operaciona sala dijelila se na dva odjela, odnosno tri ljekara: dr. Muminagića, dr. Miloševića i dr.Blajića, koji je redovno čekao na red dok se izredaju operacije pacijenata ove prve dvojice. Oni su bili uposlenici na Odjelu Traumatologije, a dr. Blajic uposlenik na Odjelu Neurohirurgije. Dr. Milošević i dr. Muminagić su bili sa puno duže staža u ovoj bolnici, veoma iskusni i cijenjeni ljekari, a dr. Blajić je bio mlađi ljekar, tek nedavno stigao iz Dalmacije, pa je izgleda bilo normalno da čeka red na operacionu salu...

Nakon nekoliko pomjeranja termina za moju operaciju, konačno je operaciona sala bila dostupna i dr. Blajiću, i to u subotu! Nije bilo uobičajeno da se operativni zahvati, izuzev onih hitnih, obavljaju subotom, a eto ovaj moj hoće. Bilo mi je žao medicinskog osoblja što ću im ja, doduše ne svojom voljom, upropastiti vikend, ali eto tako se desilo.

U sobi, na krevetu pored mog ležala je pacijentica iz Zavidovića, starija od mene. Zvala se Finka. Bila je to veoma prijatna osoba, saosjećala je sa mnom i znam da joj je bilo izuzetno žao što sam u toj situaciji. Ja mlada, sa dvoje male djece, a moram na operaciju glave čiji je ishod bio upitan.

Noć prije operacije pripremili su mi glavu, obrijali samo onaj dio gdje je bio lociran tumor, a ja sretna što nisu čitavu. Doduše, trebali su, ali se doktor sažalio na moje suze i odlučio da mi udovolji. Kada sam ušla u našu sobu s novim imidžem, tek tad je tumorozno ispupčenje došlo do izražaja, a po Finkinom izrazu lica sve mi je bilo jasno. Nije mi trebalo ogledalo pa da se i sama uvjerim u "brežuljak" na glavi. Dok je na tom mjestu bilo kose ništa se nije primjećivalo. Odjednom je i mene uhvatio pravi, pravcati strah. Pitala sam se što će se desiti. Više nisam bila ona osoba od ranije koja ovo nije shvatala nimalo ozbiljno, već više kao rutinski zahvat nakon kojeg će moja glava opet imati svoj oblik, bez ikakvog ispupčenja.

I svanula je subota. Za mnoge obična, kao i svaka druga, a za mene... Dobro se sjećam tog jutra. Ustala sam veoma rano, ma ako ćemo pravo, tu noć ni oka nisam sklopila. Obavila sam sve ono što se radi u jutarnjim satima i na krevetu čekala svoj odlazak u operacionu salu. Čekala sam da se moj Nusret pozdravi sa mnom prije nego što krenem na operaciju. Nije se pojavio dok nisam otišla u operacionu salu jer je, kako je kasnije rekao s velikim izvinjenjem, zaspao, a njegova mama ga nije probudila?! Cijelu noć nije zatvarao oči razmišljajući o meni, o onome što bi se moglo dogoditi i tako sve do zore.

A ja? Bilo mi je tako teško, užasno teško. Trebalo mi je rame za plakanje, trebala sam topao, nježan zagrljaj, trebala sam mu pričati o našoj djeci, dati mu upute ... ako nešto pođe po zlu, a moglo bi, itekako bi moglo da se dogodi! Međutim moj suprug je stigao baš kad su me odveli u operacionu salu i nije bilo prilike za bilo što!

Odjednom su se vrata naše sobe otvorila i na trenutak sam bila sretna pomislivši da je to stigao moj suprug, a onda ... razočaranje! Ne, na vratima nije bio on, a umjesto njega bili su dr Blajić i njegov tim: anesteziolog, medicinske sestre i svi ostali članovi tima koji će tog dana učestvovati u operativnom zahvatu na mojoj glavi. Svi oni su došli da mi požele sreću i ohrabre me prije nego što krenu sa pripremama za operaciju, a što nije bilo uobičajeno!

Njihova izuzetna ljubaznost i njihovi saosjećajni pogledi izazivali su u meni pomalo i strah. Bila sam toliko ganuta zbog njihovog divnog gesta da sam se rasplakala. Plakala sam od nečije dobrote. Čini mi se ništa ne može dotaći dušu kao dobrota. Plakala sam i od straha, al' su ove suze bile u meni. Od straha su se valjda zaledile. Pomislila sam na svoju djecu.

- Šta ako im se ne vratim?! Kako će bez svoje mame, kako će odrastati bez mene, kako će...

Kroz glavu mi je prošlo hiljadu pitanja, bezbroj slika moje dvije princeze koje me čekaju kod kuće. Sa ogromnim strahom prikrivenim duboko u meni, samu sebe sam tješila:

- Ne, ne može meni tako nešto da se desi! Bog će meni pomoći da se vratim svojoj djeci, da ih *ja* ljubim i brinem o njima, da ih *ja* mazim i pazim, da odrastaju *uz mene...*

Odlučila sam da svojim nogama idem do operacione sale. Koračam hodnikom, u glavi mi pravi haos, hiljadu misli se vrti u krug i ponovo se vraćaju na početak.

- A šta je s obećanjem koje sam još kao djevojčica dala sama sebi? Zar neću ispuniti obećanje i svojoj djeci pružiti lijepo djetinjstvo, život bolji nego što je bio moj?! Ima još toliko toga što trebam uraditi za njih, a tek sam počela! Pa jedna ima samo sedam, a druga tek četiri godine! Dragi Bože, ne dozvoli da mi se nešto desi, samo zbog njih...

Nisam htjela da legnem na mobilni bolnički krevet koji su dovezli za mene i kojim po pravilu prevoze pacijente u operacionu salu. Zbog ovog su me nazvali herojem, a ja sam vrlo dobro znala da sam u tim momentima najmanje to bila. Ustvari, pravi heroj bio dr. Blajić koji se usudio na izuzetno zahtijevan operativni zahvat, a na raspolaganju nije imao čak ni sav potreban operacijski pribor. Saznala sam kasnije da ga je posudio sa Odjela Hirurgije!

Obavljen je operativni zahvat koji je trajao više

od pet sati, tumor je odstranjen, dat na analizu i .... dobijam nalaz: Angiom krvnog suda. Doktor mi je pojasnio da se radi o benignom tumoru, ali mogao je izazvati posljedice kao i maligni, da nije u zadnjem momentu odstranjen!

I tako ja ostala živa, na iznenađenje mnogih! Bilo je zaista onih koji su me već "pokopali". Kada se saznalo da ću morati na operaciju glave zbog postojećeg tumora, bilo je mnogo onih koji su me počeli sažaljevati i svrstavati u "otpisane". Evo zašto. Nakon sedam godina stanovanja u prizemlju porodične kuće mog muža gdje je vlaga bila naš sustanar, toliko blizak, da su se gljive pojavile i u ormaru, a mi svi mirisali na memlu, konačno dobijamo ključeve stana, našeg stana! Koja radost, neopisiva?!

Starija kćerka je imala nepunih sedam godina, a mlađa četiri, kada smo preselili u stan od 58 kvadratnih metara, u tek izgrađenom, najljepšem naselju našeg grada, na adresi: Ive Andrića 15 c, II sprat. Sve se lijepo posložilo – lakirani parketi, kupljen nov namještaj, kćerke dobile i svoju sobu, starija i radni sto jer na jesen polazi u prvi razred osmogodišnje škole. Nije šala postaje "prvačić"! Prije odlaska na ljetovanje ganjali smo vezu da nam se dodijeli telefonski broj prije nego što krene školska godina, jer će naša kćerka, prvačić, ostajati sama u kući pa da nas može kontaktirati, otišli na more... Sve, ama baš sve kao u snu.

Ovo je bilo previše lijepo za nas, za moju porodicu, ali ne i u očima pojedinaca, jer sam ja uz novi stan dobila i "brežuljak" na glavi, uz dijagnozu koja nikako nije slutila na dobro. Mnogi su vjerovali da kada se previše lijepog događa u životu u relativno kratkom vremenu, onda nešto krene po zlu! E pa meni se upravo tako nešto i desilo.

Nije nikakvo čudo da su me takvi po povratku iz bolnice, pa i kad sam nakon oporavka krenula na posao, gledali kao da vide duha. Nisu vjerovali da sam preživjela. A i bilo bi tako da sam još malo odugovlačila sa svojom odlukom da uradim ono na čemu je insistirao dr. Blajić.

Nikada nisam zaboravila, a i ne mogu, dan kada sam se nakon operacije vratila kući, svojoj porodici. Starija kćerka je bila u školi, svaki čas se trebala vratiti, a mlađa u našem stanu sa mojom svekrvom koja ih je čuvala dok sam ja bila u bolnici...

Nakon što je muž pozvonio na vrata stana, čula sam kako moja mlađa kćerka trči hodnikom i uvikuje:

- Mama, moja mama!

Svekrva je otvorila vrata, pogledi su nam se sreli, osmijehom na licu je pokazala da joj je drago da sam se vratila. Nije ni riječ progovorila, nije ni trebalo. Zagrlila me i tužnim pogledom završenim na mojoj glavi s "turbanom" od zavoja, sve je rekla. Bilo joj je žao i očito je saosjećala sa mnom. Pretpostavljam...

Ovo je sasvim kratko trajalo, jer koliko god je moja kćerka žurila da me zagrli, da me poljubi, ja sam naravno, još i više. Nekako sam se sagnula da zagrlim svoju princezu, jer sam još uvijek bila slaba, jedva sam se držala na nogama, a pustili su me iz bolnice na insistiranje dr. Blajića. Mužu je samo par dana nakon operacije rekao:

- Vodite je kući, ona ništa ne jede, slabo se oporavlja! Vjerujem da će se kod kuće brže oporaviti.

Meni je to i odgovaralo jer sam jedva čekala da vidim svoju djecu, da ih zagrlim, osjetim njihov miris, da ih ljubim, ljubim, bez prestanka... Vidjevši moju glavu u zavoju, kćerka je počela da plače, a ja sam je čvrsto zagrlila, ljubila, milovala, plačući zajedno s njom. Njene male ručice su me grlile dok sam je ljubila gdje god sam stigla, mirisala njenu kosu i poljupcima brisala suze sa njenog nježnog lica. Duša moja. Jecala sam iz sveg glasa a onda me muž poveo u sobu gdje sam se polahko presvukla i legla u postelju.

Gotovo sam se srušila od iscrpljenosti, od uzbuđenja, od sreće, od svega pomalo. Nije dugo potrajalo a na ulaznim vratima se oglasilo zvono. Moja starija kćerka je stigla iz škole! Spustila je na brzinu torbak, gotovo ga bacila i trčećim koracima sa osmijehom na licu, odjurila u kuhinju vjerujući da sam tamo, kao i obično. Mislila je da joj mama već sprema ručak, jer eto trebala je doći iz bolnice, sada zdrava, oporavljena, opet u formi kao prije, kao da joj ništa nije ni bilo. Okretala se po kuhinji tražeći me, ali mene tamo nije našla. Nestalo je osmijeha, sjaja u njenim očima, a pojavio se zabrinut izraz lica, pomiješan s tugom i suzama u očima kada me ugledala u dnevnom boravku. Podigla sam se iz postelje i sa suzama koje su klizile niz moje blijedo lice, polahko krenula prema njoj. Najednom smo se našle u zagrljaju plačući u isti mah i dok sam je čvrsto, a opet nježno, grlila i ljubila, ona me čudno pogledala govoreći:

- A joj ...! Ali mama, šta ti je to na glavi? Šta su ti to uradili?!

Htjela je da dotakne moju glavu umotanu u zavoj, ali je tata na vrijeme zaustavio rekavši joj da to ne radi, jer me to boli. Ona je naglo povukla ruku sebi, a njen pogled je ostao, gotovo se zalijepio na mojoj glavi.

Mlađa kćerka je dotrčala do nas dvije i onda smo se zajedno nas tri grlile, ljubile, plakale, jecale... U ovim momentima bila sam neizmjerno zahvalna dr. Blajiću za ove zagrljaje, poljupce, za suze radosnice, zato što sam ponovo sa svojom djecom, a moglo je biti sasvim drugačije!

Ne postoje prave riječi kojima mogu izraziti ogromnu zahvalnost ovom izuzetnom čovjeku, neurohirurgu, a mnogi su ga smatrali običnim čudakom i to ne samo ovdje, već još i više u njegovoj zemlji, u njegovom gradu Zadru. Bio je drugačiji od svih.

Sjećam se našeg prvog susreta u Bolnici. Ja sam ga zapamtila ovakvog. Bio je to sasvim običan, koštunjav čovjek, sa dužom kosom koja mu je neuredno padala po vratu. Ono što mi je posebno padalo u oči, bile su cipele na njegovim nogama, koje kao da su za dva broja bile veće. Samo bijeli mantil koji je na njemu nekako "visio" zbog njegove mršavosti, ukazivao je da bi ovaj čovjek mogao biti ljekar. Nikada ne bih pomislila da je to ljekar, vrhunski neurohirurg, koji je izuzetno veliki broj pacijenata u Hrvatskoj, ali i u Bosni, spasio od invalidskih kolica, a značajnom broju i život.

On je bio živi primjer one narodne: "Odjeća ne čini čovjeka!" Bio je to ljekar u pravom smislu riječi, čovjek koji zaslužuje izuzetno poštovanje! Volio je svoj posao, istinski brinuo o svojim pacijentima, a ništa nije tražio za uzvrat! Cilj mu je bio samo da pomogne pacijentu, da ga izliječi po svaku cijenu, da mu pokuša spasiti život kada mu je isti ugrožen. Dežurao je noću uz svoje pacijente, nije odlazio kući već bi tu prespavao, previjao im rane nakon operativnog zahvata koji je on obavio.

Dr. Blajić je bio veoma skroman i pošten čovjek. Svaki pokušaj da mu se daruje bilo kakav poklon ili novac doživljavao je kao uvredu. U to sam se uvjerila i sama kad sam išla na prvu kontrolu nakon operacije. Ponijela sam mu simboličan poklon kako bih mu pokazala svoju zahvalnost za njegov trud, za uspješno obavljen "posao", jednostavno da mu i na ovaj način kažem "veliko hvala". Pa ovaj čovjek je meni spasio život!!! On mi se tad obratio baš ovim riječima:

- Ja znam da će Vam biti neprijatno što neću da prihvatim Vaš poklon, što ćete morati da ga ponesete sa sobom.

Pokušala sam mu objasniti svoj gest, da to nije nikakvo mito, jer je sve prošlo, da je to samo mali znak pažnje za njegov rad. A on mi je na to odgovorio:

- Pa to je moj posao! Zar sam mogao drugačije da postupim?

Ja sam ušutila na ove riječi. Shvatila sam sve, baš sve. Od tada su prošli mjeseci i mjeseci kada sam saznala da je ovaj isti čovjek, ljekar, odbio da prihvati ponuđeni stan od bolnice, gdje je bio uposlenik, jer je smatrao da njemu i nije toliko potreban, može i dalje biti podstanar:

- Ča će mi? Ima pričih!

Ovo su bile njegove riječi, riječi Dalmatinca, jer je smatrao da je stan potrebniji porodici sa djecom, a on je u to vrijeme još bio samac. Mislim da su ovakvi ljekari bili rijetki, danas pogotovo.

S pravom su ga pojedini pacijenti smatrali svecem, jer je svojim postupcima pokazivao da je više od običnog smrtnika. Bio je izuzetno skromna osoba, radoholičar, pacijenti ga pamte kao iznimno korektnog i poštenog ljekara koji se pacijentima posvećivao jednako neovisno o njihovom statusu.

Jednom prilikom, u intervjuu, novinaru je rekao ovo:

- Ja stalno radim. Non-stop. Operiram dan i noć.Tako je to u tom poslu. Doktor je tu zbog pacijenata.

Svi pacijenti i njihovi najbliži, svi oni koji su imali priliku da upoznaju ovog čovjeka, govorili su samo najbolje o njemu. Evo što je jedan izjavio:

- Ovaj vrhunski stručnjak primao je sve i svakoga. Ako ste došli kojim slučajem i bez uputnice - nije bilo bitno. Nije mu trebala ni sestra za ispomoć ni bilo tko. Sve je sam radio, upisivao, pregledavao. Čudo od čovjeka!

Međutim, bilo je i onih koji su trebali, morali da cijene njegov rad i da ga poštuju, da mu na adekvatan način omoguće dostojanstven život u njegovoj domovini, ali nisu. Za njih je on uglavnom bio samo čudak. Međutim, uprkos ljudskoj zlobi i zavisti, onom mišljenju većine da je to čudak, nimalo nalik na ostale u njegovoj branši, 2013. dodijelili su mu Nagradu za životno djelo ...

Ovaj ljekar, pa makar i čudakom ga smatrali, za mene je bio izuzetna osoba, čovjek vrijedan poštovanja! Saznala sam od drugih da se potpisivao *malim slovom* jer je želio biti *mali čovjek* u službi *malih ljudi*. Uvjerila sam se koliko ima istine u tome kada sam pogledala svoju otpusnicu iz bolnice koju i danas čuvam. Zaista je na njoj potpis dr. Blajića bio ispisan malim slovom! Zahvaljujući ovom *malom čovjeku,* ja ponovo dobih *život na dar*...i uz pomoć Boga, ne i posljednji put!

I OVO JE BILA SUDBINA

Bilo je to na samom početku 2005.godine. Dobro se sjećam tog dana. Ustala sam sa užasnom glavoboljom, popila tabletu koja mi i nije baš pomogla i krenula na posao. S obzirom da sam navikla na česte glavobolje, mislila sam da će i ova ubrzo prestati.

Imala sam redovni sastanak u jednom od naših laboratorija i po povratku u svoju kancelariju najednom mi je bol bila sve jača i jača da sam morala reagovati. Razmišljala sam da nazovem dr. Višnju Mehmedbašić koja je inače pratila moje zdravstveno stanje, a još ranije mi je dala svoj broj telefona kako bih je mogla nazvati bilo kada ako osjetim značajno pogoršanje zdravstvenog stanja.

Nisam je odmah kontaktirala misleći da će bol prestati. Hodala sam po kancelariji gore dole, držeći se za glavu, popila još jednu tabletu, ali ... ništa! Bilo mi je sve gore i gore, uz užasan bol i nagon za povraćanje pa sam konačno odlučila da je ipak nazovem. Rekla sam joj o čemu se radi, uz izvinjenje što joj smetam jer sam pretpostavljala da je s pacijentima. Divna žena, sad već pokojna dr. Višnja, ljubazna kao i uvijek, rekla mi je:

- Azemina, ako možete dođite odmah, ja sam u Bolnici, na Odjelu za ergometriju.

Valjda sam joj rekla da mogu, jer sam uskoro već bila u taksiju na putu za Bolnicu.

Došla sam do svoje doktorice Višnje u relativno kratkom vremenu, a ubrzo nakon što je utvrdila visok krvni pritisak i moj nerazgovijetan govor, završila sam na Odjelu za neurologiju kod dr. Okiljević Danice, gdje su mi uključili infuziju po njenim uputama. Pošto sam odbila da se hospitaliziram na čemu je dr. Okiljević insistirala, nešto kasnije mi je dala nalaz sa preporukom da mi tri dana kod kuće daju istu infuziju, a nakon toga da mi se hitno uradi MR glave sa kontrastom.

Nakon infuzije osjećala sam se malo bolje i jedva čekala da idem kući. Dok sam primala infuziju i ležala na Neurološkom odjelu u jedinici za Akutni moždani udar, kroz staklo sobe sam mogla vidjeti pacijente u susjednoj sobi. Bili su to zaista teški bolesnici, nepokretni, većina nije mogla govoriti, a medicinsko osoblje se tako ružno odnosilo prema njima. Doduše, ne svi. Mijenjali su posteljinu jednom pacijentu uz grubo, bezosjećajno prebacivanja istog na kolica. Djelovalo je kao da se radi o nekoj stvari a ne o čovjeku, ljudskom biću. Ovaj pacijent nije bio u mogućnosti da reaguje, da se protivi... Pomislila sam:

- Bože, a šta da se radi o nekoj njima bliskoj osobi, o njihovom roditelju? Da li bi se i tad tako ponašali? Vjerujem da ne bi. Ali i ovo je nečiji roditelj, možda sestra, kćer?!Zašto su odabrali ovaj poziv ako im to teško pada??

Željela sam da im skrenem pažnju, da im kažem da bi se trebali bolje ophoditi prema pacijentima, ali nisam mogla. I ja sam u tim trenucima bila jedna od nemoćnih pacijenata, samo u blažoj formi.

U sobi gdje sam ja ležala bila je nepokretna pacijentica kojoj su donijeli ručak i ostavili ga na stolić nedaleko od njenog kreveta. Mislila sam da će neka od sestara doći i nahraniti pacijenticu, ali ne. Još sam primala infuziju kada je servirka došla i davno ohlađeno jelo, netaknuto, uzela i vratila u kuhinju! Bila sam šokirana. Bilo mi je tako žao pacijentice! Nije mogla govoriti pa da zatraži nečiju pomoć, nije se mogla kretati, niti rukama mahnuti i na taj način skrenuti pažnju na sebe.

Tada sam bila sigurna da sam ispravno postupila kada sam odbila hospitalizaciju, jer ni meni vjerovatno ovdje ne bi bilo bolje.

Isprimala sam sve propisane infuzije kod kuće, jedan dan otišla u Sarajevo da snimim MR glave i nakon petnaestak dana dobijam opširan nalaz u kojem između ostalog navode da sam imala *moždani udar*!!

Zahvaljujući tome što sam na vrijeme reagovala i obratila se ljekaru, dobila odgovarajuću terapiju, posljedice su bile minimalne. Tako su mi bar rekli.

Ovo saznanje me totalno šokiralo! Kada sam ovo saznala, baš sam se zabrinula i u glavi premotavala filmove što je sve moglo da se desi, kako sam mogla da završim!

Slijedila je odgovarajuća terapija uz bolovanje, a onda još jedan šok kada sam na posljednjoj kontroli saznala da me Ljekarska Komisija želi uputiti u invalidsku penziju. Ja sam ovo naravno odbila bez imalo razmišljanja jer sam smatrala da nisam (barem ne još) invalid i da sam još uvijek hvala Bogu, radno sposobna. A opet, nije mi bilo baš svejedno.

Sa suzama u očima vratila sam se na posao razmišljajući o odluci Komisije. Sigurno su imali opravdan razlog za to, a ja se nisam mogla pomiriti s tim.

Prošli su dani, pa i mjeseci a ovo mi se stalno vrtilo u glavi. Vremenom sam potisnula ovo iz glave okupirana drugim stvarima. Da, okupirala sam se obavezama na poslu, kod kuće, mojom porodicom.

Tek nakon osam godina *ja sam* odlučila da idem u penziju, a u međuvremenu, pisala sam stručne knjige, učestvovala sa radovima na nekoliko važnih međunarodnih konferencija iz moje oblasti. Dosta toga mi se desilo ne samo na poslu već i u porodici...

Dobila sam i dva unuka, jednog 2011. godine, a drugog godinu poslije, koji su mi dodatno uljepšali život, unijeli posebne boje u njega, radost i sreću. Dobila sam krila i letjela dalje... Bio je to *moj izbor!*

JOŠ JEDNOM ŽIVOT NA DAR

Prilikom kontrolnog ultrazvučnog pregleda abdomena, u proljeće 2009. dr. Aida Arnaut sasvim slučajno otkriva kamenac u mom žučnom kanalu. Sjećam se da mi je to sasvim tiho, gotovo bojažljivo saopštila i pitala se kako to nije ranije uočila. Nekoliko puta me prevrtala na bok, ultrazvučnom glavom pritiskala na tom mjestu kako bi se uvjerila da je tačno ono što vidi na monitoru ili je ipak greška. I ne bi greška, bilo je to zaista tačno – kamenac veličine 4,5mm smjestio se u žučni kanal i kao da mi se rugao sa ekrana znajući šta mi slijedi. Da se kojim slučajem locirao u žučnu kesu ne bi bilo panike jer tamo može da se smjesti kamenčića i kamenčića, ali ovdje je to drugačije. Kada se na ovoj lokaciji formira kamenčić pa makar i od 4,5mm sa tendencijom rasta, može da izazove itekakve probleme s obzirom da je žučni kanal promjera obično oko 5mm. Znajući da spadam u visokorizične pacijente po pitanju opće anestezije, a ovo se rješava samo hirurškim putem, dr.

Aida je opravdano bila zabrinuta. Znala je ona da sam se prilikom posljednje operacije jedva probudila iz anestezije, tek nakon pet sati i nije smjela ni da pomišlja šta me ponovo čeka. Jedino što je dr. Aida mogla da uradi a da me ne dovede u opasnu situaciju, bila je preporuka da se obratim dr. Granov Mirsadu koji je priznat i jako uspješan hirurg, posebno kad su u pitanju problemi sa žuči, a radi u Bolnici Travnik, u Travniku. Čula sam ja i od drugih za ovog izvrsnog ljekara pa sam rado prihvatila ovu preporuku. Prim.dr. Mirsad Granov je uveo laparoskopsku hirurgiju u Bolnicu Travnik po čemu je ova bolnica nadaleko poznata jer je ovdje do sada izvedeno hiljade operativnih zahvata ovom metodom.

I tako ja, uz prethodnu najavu, odem kod dr. Granova koji mi odmah, nakon uvida u nalaze, bez razmišljanja reče da bi trebala odstraniti ovaj kamen što prije. Prihvatila sam ovo bez razmišljanja, tim prije što će to biti obavljeno laparoskopskom metodom, ne na klasični način kada te režu i za sobom ostavljaju vidne rezove koji kako god se izvezu, nisu lijepi za oko, a uz to oporavak je duži.

Gotovo da zakažem termin za odlazak u Travnik, onda ko grom iz vedra neba, najednom saznajem da moj brat, tri godine stariji od mene, ima karcinom na plućima!! Bio je to šok za cijelu porodicu...
Iznenada je dobio povišenu temperaturu koja je trajala danima a on nije htio da ide ljekaru, kašljao je, nije imao apetita i počeo mršati... Jedva smo ga ubijedili da se ovaj put mora obratiti ljekaru i on za divno čudo poslušao! Da, ispostavilo se da su moji strahovi bili opravdani. Godinama je pušio, a svi ovi simptomi su ukazivali da nešto nije u redu sa plućima... Završio je u bolnici u Tešnju. Kada nekog sa nalazima pluća upute u Tešanj taj je već otpisan! Samo se rijetki vrate iz ove bolnice, bilo da se bronhoskopijom ustanovi da nije u pitanju karcinom, bilo da jeste ali je takve prirode i lociran na dobrom mjestu da se hirurškim putem može odstraniti. Svi *ostali* se komotno mogu oprostiti od svog života, sa rodbinom ako stignu.

Eto tako je moj dragi brat upao u ovu posljednju

skupinu – *ostali,* jer ga je napala neman posebne strukture, zauzevši počasno mjesto naplućima, između dva plućna krila, tako da joj niko i ništa nije moglo nauditi. Sve se ovo dešavalo u julu 2009. Brat je jedno vrijeme bio u Tešnju, a onda se vratio kući i odlazio periodično na kemoterapije u Sarajevo, nakon kojih bi se vratio više mrtav nego živ – slab, bez apetita, povraća a nema više šta povratiti. Već nakon druge ovakve terapije ostao je bez kose što mu je teško, baš teško palo, uz ono saznanje da spada u "rakaše". Tako su mu objasnili pacijenti u Sarajevu sa istom dijagnozom.

Mi smo u početku krili od njega pravu dijagnozu govoreći mu da je u pitanju teška upala pluća, da su za to krive i cigare... Ljekare i medicinsko osoblje u bolnici u Tešnju zamolili smo da mu ne govore pravo stanje. I oni zaista to ispoštovali. Međutim, po povratku iz Sarajeva, nakon što sazna za svoj status "rakaša", sve se promijenilo na gore. I ono što je s mukom jeo do tada, odbijao je, patio, mučio se, a mi svi oko njega, sva njegova porodica, tješili ga i patili zajedno s njim. Kriomice, dok nismo uz njega, plakali, u pauzama googlali preko interneta i preko poznanika, tražeći neki efikasan lijek, pokušavali sve i svašta, ali bez uspjeha. Oko Nove godine nije mogao ni na noge, a bolovi užasni...nisu ih mogle ublažiti ni sve moguće tablete koje smo mu davali. Sve teže i teže je disao i na kraju, zahvaljujući dr. Višnji, smjestimo ga u bolnicu gdje su mu uključili kisik i sve ono što mu je bilo potrebno.

A onda svanu srijeda, 5. Januar 2010. i moj dragi brat Hajro nakon pet mjeseci od uspostavljanja dijagnoze, ode... Neman ga ne napusti ni na tren, ščepala ga i nije mu dala da diše. Na kraju ga ugušila, bukvalno ugušila...

Prošli su od tada mjeseci i mjeseci, više od godinu dana, kada sam više zbog insistiranja mojih najbližih, jer sam naglo počela da mršam, odlučila da vidim što je sa mojim kamenom u žučnom kanalu.

Tako ja početkom aprila 2011. odem do dr. Krabega koji mi nakon ultrazvučnog pregleda najozbiljnije saopšti da je ovo već kritično stanje i da je kamen još "jučer" morao biti odstranjen! Vidno zabrinut, da bi me još više uvjerio u ozbiljnost ovoga, iskopirao mi je tekst iz neke stručne medicinske literature, gdje su do u detalje opisani uzrok i posljedice u slučaju kada promjer kamenca u žučnom kanalu prelazi 10mm, a moj je trenutno bio 10,6mm...

I tako ja ubrzo nakon ovih saznanja, nakon dogovorenog termina sa dr. Granovom, konačno 11. Aprila žavršim u bolničkom krevetu u Travniku. Saznajem da ću sutradan biti prva na programu i mene to obradova jer ću se konačno riješiti i kamenca, ali i stalnih pitanja mojih najbližih kada ću na operaciju. Nema straha, nema brige što zbog mojih ranijih iskustava sa operativnim zahvatima, što zbog činjenice da sada operacija neće biti obavljena na klasični način već laparoskopskom metodom... Dodatno, u rukama sam vrhunskog ljekara koji će ovo odraditi na najbolji mogući način. Međutim, moja radost je kratko trajala, samo do par sati prije večere, kada sam bila pozvana na razgovor kod anesteziologa. To je uobičajena procedura prije svake operacije.

Uđem ja smireno, gotovo nonšalantno u njegovu kancelariju, i samo što sam na njegovu ljubaznu molbu sjela na stolicu, on osu paljbu po meni?! Da, baš takav sam osjećajimala. Odmah mi je saopštio da do operacije neće doći jer sam ja visokorizični pacijent, te kako se može desiti da se ne probudim iz anestezije, te da mogu nakon operacije doći u stanje "biljke", te... još svašta nešto. Govorio mi je sve ovo na takav način da bi neko pomislio da sam ja kriva što je opracija u mom slučaju neizvodljiva, odnosno rizična. Slušajući sve ovo ja u stanju neke prividne ravnoteže – u šoku, a istovremeno smirena.

Nakon svega izgovorenog od strane anesteziologa, izuzetno važne osobe pri svakoj operaciji, za očekivati je da ovo prihvatim sasvim normalno i da odustanem od onog zbog čega sam došla, da se pokupim i vratim kući. Međutim, odjednom neko drugo "ja" natjera me da progovorim. Sasvim smireno, bez ikakvog srkleta, ja rekoh:

- Znam sve to što ste mi rekli, ali znam i nešto što su mi rekli ljekari po pitanju rizičnosti kamena u mom žučnom kanalu. Ovaj zahvat se morao obaviti i ranije! Ako je već tako, molim Vas, tražim i mišljenje Konzilija ljekara!

Složio se anesteziolog sa mnom dodavši da ću biti obavještena što je odlučeno.

Ja se napokon nađoh u hodniku, nekoliko metara dalje od moje sobe i najednom, niz lice krenuše suze. Po ulasku u sobu gotovo jecajući nazovem Nusreta i prenesem mu nova saznanja. Naravno, i on iznenađen, tješi me govoreći da ujutru svakako dolazi pa ćemo vidjeti.

Tu noć oka nisam sklopila, ne zato što sam se plašila operativnog zahvata, već zbog one priče anesteziologa koju sam znala ali mi je on samo ponovo ispričao pa sam tek onda shvatila da je moguć svakakav ishod, tim prije što sam se od ranije okitila kojekakvim dijagnozama a svaka od njih može da poremeti ovaj zahvat.

Najzad svanulo. Dr. Granov ulazi u moju sobu da se pozdravi sa mnom i da krenemo sa pripremama.

Nakon što sam ga upoznala sa novim momentima i on na kratko zastade, zamisli se i prihvati da zaista treba sačekati mišljenje Konzilija. U isto vrijeme Nusret ispred Bolnice čeka, gledamo se kroz prozor i pričamo preko telefona. Nakon nekog vremena u sobu ponovo ulazi dr. Granov sa "radosnom" viješću – donesena je odluka, ipak će biti operacija! Uključim mozak i kontam - ovaj kamen od 10,6mm opasniji je od ostalih kritičnih faktora, ili je nešto drugo prevagnulo za donošenje ove odluke. Možda su shvatili da sam na istom bilo da me operišu ili ne, jer u svakom slučaju rizik je prisutan. Ako me operišu mogu biti biljka, to je bolje nego ako me ne operišu pa dođe do pucanja žučnog kanala što bi značilo velike komplikacije, a kao rezultat i smrt.

Ja u stanju ni vruće ni hladno – ne znam da li da se radujem ili da strahujem. Kako god, pripremiše me, sestra mi noge umota u gumirane zavoje, valjda kao preventiva od tromboze, dadoše mi injekciju, ostadoh samo u gaćicama, prekriše me plahtom i ja ko polumumija stigoh na pokretnom krevetu do operacione sale. Sama. Nusret pred Bolnicom, čeka da ga puste, ali kako mi je rekao dr. Granov, može doći do mene tek nakon operacije...

Sjećam se da sam kroz odškrinuta vrata operacione sale, dok sam ležala na pokretnom krevetu, vidjela da su kazaljke na zidnom satu bile na 11... Više se ničega ne sjećam do trenutka kada sam prvo čula dr. Granova kako nekom govori:

- Sad joj možete isključiti kisik.

Ne dugo zatim sam ga i vidjela. Očekivala sam ga u zelenom, kao što svi ljekari budu u operacionoj Sali, ali ne, na njemu kroz maglu vidjeh bijeli mantil. Pomislila sam:

- Bože, ko me onda operisao ako nije on?! Dogovor je bio da on to uradi, on to inače i radi?

Uz doktora ugledah i jednu sestru, a nasuprot mog kreveta nekog starca kako leži u nedefinisanom stanju, ni mrtav ni živ, priključen na kojekakve aparate... Onda mi se doktor obrati:

- Dobro je, sve je hvala Bogu dobro prošlo.

Muž Vam je bio u dva navrata...

I ja ponovo ne vidim ništa, ne čujem ništa, utonula u neko besvjesno stanje iz kojeg me probudio užasan nagon na povraćanje. Sestra mi je donosila posudu u nekoliko navrata. Dugo sam povraćala nešto nalik na naftu, a na kraju čini mi se i svoju dušu. Nakon ovoga bilo mi je puno lakše...

Doktor mi je dao u plastičnu foliju upakovan moj "famozni" kamen, kao suvenir, za uspomenu i sjećanje na onu posljednju minutu u kojoj mi spasiše život, a mogao je biti okončan sa tih 10,6mm!

Dakle, probudila sam se nakon ovog, za većinu pacijenata, banalnog zahvata, tek u predvečernjim satima, ali sam se ipak probudila! Pošto sam čula, pa vidjela doktora, a nešto kasnije nekako uz pomoć sestara, svojim nogama otišla i do toaleta jer nisam nikako mogla mokriti u posudu u krevetu kao što to čine svi pacijenti na intenzivnoj, shvatila sam da *nisam biljka*, a dodatno još *ostala i živa*!

Super za mene!

Niko od meni bliskih nije bio pored mene u ovim

momentima što mi je teško padalo, ali takva su pravila pa sam morala čekati naredni dan da vidim muža.

Četvrti dan po dolasku u ovu bolnicu, dobijam obavijest da mogu kući. Dok su mi kucali Otpusno pismo, muž i ja smo zajedno otišli kod dr. Granova na razgovor. Sjeli smo nasuprot njega, a on je obraćajući se meni, bez ikakvog uvoda prvo rekao ovo:

- U zadnjoj minuti smo ovo obavili. Sam Allah Vas je spasio!

Slijedilo je dalje objašnjenje kako je tekao operativni zahvat i kako su mi na samom početku bili primorani ostraniti sumnjivi madež iz pupka jer je smetao za ulazak sonde u unutrašnjost. Išli su dovoljno duboko kako bi ga sa sigurnošću potpuno odstranili i dali ga na biopsiju zajedno sa uvećanom žučnom kesom koju su odstranili tokom operativnog zahvata. Dostavit će mi nalaz na kućnu adresu za oko mjesec dana.

Nas dvoje smo prosto zanijemili slušajući doktora. A onda, na trenutak se nije čuo ni doktorov glas. Neka čudna tišina je ispunila prostoriju. Muž i ja nismo stigli ni da postavimo bilo kakvo pitanje u vezi ovoga, a bilo ih je puno, puno, kada je dr. Granov nstavio do u detalje objašnjavati zašto je ovaj zahvat bio toliko rizičan ...

Napustili smo bolnicu gotovo u šoku pri pomisli što se moglo desiti, ali uz ogromnu zahvalnost ovom divnom doktoru. Zahvaljujući upravo njemu ja tako još jednom dobih *život na dar.*

Nakon nešto više od mjesec dana na moju kućnu adresu stiže nalaz u kojem se navodi da je madež odstranjen u potpunosti i da je u pitanju bio melanom. Odstranjenjem žučne kese uklonjene su i lezije sa njenih zidova i metaplazije vezivnog tkiva što je moglo prerasti u karcinom,

baš kako mi je to ranije objasnio dr. Karabeg.

I još nešto. Shvatila sam koliko je bilo dobro što nakon priče anesteziologa nisam odustala i što sam ponovo, ko zna koji put, baš ja usmjerila sudbinu u drugom pravcu. Da, sudbina je zaista stvar izbora. Do nas je!

"Ako je more život, a valovi problemi i belaji koje on sobom nosi, nemojte bježati i kukati. Jednostavno, naučite surfati..."

S. Bugari

O AUTORU

Rođena krajem avgusta 1953. godine, **Azemina Dokaza Klobodanović,** odrasla je u Zenici, u srcu Bosne i Hercegovine.

Nakon što je 1977.god. diplomirala na Univerzitetu u Sarajevu, Metalurški fakultet u Zenici, provela je čitav svoj radni vijek, sve do penzije, na Metalurškom institutu "Kemal Kapetanović" Zenica.

Odlaskom u penziju započeo je njen rad iz čistog zadovoljstva - počela je da piše priče iz svog života, posložila ih između korica i tako je nastala njena prva literarna knjiga "Out of Spite". Objavljena je u digitalnoj formi 2015. putem online izdavača Kindle Direct Publishing (KDP).

Sada, kao penzioner, supruga, mama i majka, živi u istom gradu, uživa u penziji radeći ono što je čini sretnom.

Autorica je knjiga "Iz Inata" i "Život je Dar" publikovanih u digitalnoj i printanoj formi, na bosanskom i engleskom jeziku putem online izdavača

KDP, CreateSpace i Smashwords.

Drugo izdanje knjige "Život je Dar", pisane na bosanskom jeziku, publikovano je u printanoj formi sredinom Oktobra 2o19. putem izdavača Globe Edit.

SADRŽAJ

Rekli su:

"Kada kupite knjigu jednog autora vi kupujete više od priče. Ne kupujete samo knjigu, kupujete nešto više - komad autorova srca, komad autorove duše, ... mali komad nečijeg života."

Eto, ja vam otvorih svoje srce, svoju dušu i podijelih mali komad svog života s vama!

Autor

www.ingramcontent.com/pod-product-compliance
Lightning Source LLC
LaVergne TN
LVHW041021150826
845672LV00001B/163

* 9 7 9 8 2 2 4 4 9 0 0 2 8 *